大方廣佛華嚴經

八十華嚴講述 10

夢參老和尚主講
方廣編輯部整理

升須彌山頂品 須彌頂上偈讚品

十住品

目錄

須彌頂上偈讚品 第十四

十住品 第十五

夢參老和尚略傳

夢參老和尚生於西元一九一五年，中國黑龍江省開通縣人。

一九三一年在北京房山縣上方山兜率寺出家，法名為「覺醒」。但是他認為自己沒有覺也沒有醒，再加上是作夢的因緣出家，便給自己取名為「夢參」。

出家後先到福建鼓山佛學院，依止慈舟老法師學習《華嚴經》，該佛學院是虛雲老和尚創辦的；之後又到青島湛山寺學習倓虛老法師的天台四教。

一九三七年奉倓老命赴廈門迎請弘老到湛山寺，夢參作弘老侍者，以護弘老生活起居半年，深受弘一大師身教的啓發。

一九四〇年起赴西藏色拉寺及西康等地，住色拉寺依止夏巴仁波切學習西藏黃教修法次第，長達十年之久。

一九五〇年元月二日即被令政治學習，錯判入獄長達三十三年。在獄中，他經常觀想：「假使熱鐵輪，於我頂上旋，終不以此苦，退失菩提心。」這句偈頌，自我勉勵，堅定信心，度過了漫長歲月。

一九八二年平反，回北京任教於北京中國佛學院。

一九八四年接受福建南普陀寺妙湛老和尚、圓拙長老之請，離開北京到廈門南普陀寺，協助恢復閩南佛學院，並任教務長。

一九八八年旅居美國，並數度應弟子邀請至加拿大、紐西蘭、新加坡、香港、台灣等地區弘法。

二〇〇四年住五台山靜修，農曆二月二日應五台山普壽寺之請，開講《大方廣佛華嚴經》（八十華嚴），二〇〇七年圓滿。

二〇〇九年以華梵大學榮譽講座教授身份來台弘法，法緣鼎盛。

二〇一七年十一月二十七日（農曆丁酉年十月初十申時），圓寂於五台山真容寺，享年一〇三歲。十二月三日午時，在五台山碧山寺塔林化身窯荼毗。

八十華嚴講述　總敘

二〇〇四年早春，夢參老和尚以九十嵩壽之高齡，在五台山普壽寺如瑞法師請法下，發願講述《大方廣佛華嚴經》；前後又輔以〈大乘起信論〉、《大乘大集地藏十輪經》、《法華經》、《楞嚴經》等大乘經論，完整開演華嚴甚深奧義，實為中國近代百年難得一遇的殊勝法緣。

回顧　夢參老和尚一生學法、求法、受難，乃至發願弘法度生，儼然是一部中國近代佛教史的縮影；而老和尚此次開講《華嚴經》，剛毅內斂，猶如屋漏痕渾然天成，將他畢生所學之顯密經論、華嚴、天台義理，搭配清涼國師、李通玄長者的疏論，交插貫穿於其中，層層疊疊，彷若千年古藤，最終將華嚴七處九會不思議境界全盤托出。

夢參老和尚為圓滿整部《華嚴經》，以堅忍卓絕的意志力，克服身心的重重障礙；他不畏五台深山的大風大雪，縱使在耳疾的折磨下，也能夠對治一切病苦，包容一切的順逆境界，堅持講經說法不令中斷，寫下中國近代佛教史上九十歲僧人開講《華嚴經》的紀錄。

老和尚雖老耄已至，神智依舊朗澈分明，講法次第有序，弘法音聲偉岸，陞座講經氣勢十足，宛如文殊菩薩來臨法座加持，令親臨法會者信心增長；無緣親臨法會者，相信透過閱讀整套的八十華嚴講述，也能如臨現場親聞法義。

惟華嚴玄理過於高遠，聞法者程度不一，老和尚為方便接引初入門者，往往費盡心思，委委曲曲，勤勤懇懇，當機裁剪玄義，又輔之以俚語民間典故，情無不周，辭無不達，俾使初學者聽聞華嚴境界生起學法的信心；間或有不識老和尚悲心者，輕易檢點過失，如指窮於為薪，闇然不知薪燼火傳的法界奧義。

如今海內外各地學習華嚴經論者與日俱增，持誦《大方廣佛華嚴經》的道場方興未艾，方廣文化繼出版整套八十華嚴講述DVD光碟之後，秉承 夢參老和尚殷重之交付囑託，在專修華嚴法門出家法師的協助下，將陸續出版全套八十華嚴講述書籍。

最後願此印經功德，迴向真如實際、菩提佛果、法界眾生。

祈願 夢參老和尚法身常住，廣利群生；

所有發心參與製作、聽聞華嚴法義者，福慧增長，同圓種智！

願此功德殊勝行

無邊勝福皆迴向

普願沉溺諸有情

速往無量光佛剎

凡例

本書的科判大綱是以〈華嚴經疏論纂要〉爲參考架構，力求簡要易解，如欲學習詳密的科判，請進一步參考清涼國師〈華嚴疏鈔〉與李通玄〈華嚴經合論〉。

書中的經論文句，以民初鉛字版《大方廣佛華嚴經》（方廣校正版《八十華嚴》）暨〈華嚴經疏論纂要〉爲底本；惟華嚴經論的名相用典，屬唐代古雅風格，與現代習慣用詞大相逕庭，尚祈讀者閱讀之餘，詳加簡擇。

凡書中列舉的傳說典故，係方便善巧，以得魚忘筌爲旨趣；有關文獻考證，僅在必要處以編者按語方式，註明出處。

夢參老和尚主講之〈八十華嚴講述〉正體中文版DVD光盤，業已製作完成，流通日久；惟影像的講經說法與書籍的文字書寫，呈現方式有所差異，爲求義理結構的完整敘述，書中文字略經刪改潤飾，如有誤植錯謬之處，尚祈不吝指正，是爲禱！

方廣文化編輯部　謹誌

升須彌山頂品

○來意 釋名 宗趣

《大方廣佛華嚴經》卷第十六，〈升須彌山頂品〉第十三。

前面我們講的都是信，「前信此解，義次第故」，現在解釋義理。「前」是信位的菩薩，沒入位，沒入位還會墮。「信」嗎？信信的不信了，要是理解了之後他就不退了，明白道理了就不退了。這是十住位，登了住位的菩薩，文字所顯的義理，比那個信就深入一些。前面講的是住位的方便，現在開始進入正位。信要能信的究竟，信得究竟才入位，信得究竟了就要求明白，明白之後要去作。

這一會在什麼處所說的呢？在忉利天。法會的會主菩薩是法慧菩薩，這一會叫十住會。「須彌山」，印度的原話叫「蘇迷盧」，「蘇迷盧」翻「妙高峰」。如來以如來的智力，如來的智慧，自在力，不動覺樹。在菩提場並沒有離開，所以叫升忉利天、升須彌山。須彌山頂這個處所不是人間，那地方就清淨了。天上，天表清淨、表自然的意思，所以稱爲「妙高」。

「妙高」是說這座山峰的頂點。這個很有爭議。各宗各派的學佛人，對於「妙高峰」，究竟是什麼處所？有的說忉利天是天上。不！「妙高峰」，這個須彌山是在人間，山頂上是天，山底下還是人間，因此就有爭議。有的說須彌山就是喜瑪拉雅山，山頂上就是妙高峰。這跟這部經所說的，完全不相應。山頂上是帝釋天所住的，山的中間有四王天所住的，喜瑪拉雅山沒有。應當說是「妙高峰」，加個「妙」字！「「妙」是不可思議的意思。它又在人間，爭議的就在這兒。其實，說「妙」，是表法，才說「妙高峰」。因爲是以如來自在的神力，沒有離開印度菩提場，也就是現在的菩提迦耶，那個也是妙，不是像我們所想像的、在人間說的《華嚴經》，不是這個意思。

須彌山的體是寶所成的，〈十住品〉是顯菩薩的聞法、修行，所以這個體就是妙，「體妙」！聞法修行是以性爲體，不是以相爲體。那相妙不妙呢？相也妙。因爲顯八方四級，因此說「相妙」。

菩薩要具足菩薩的四德、八聖，所以「相妙」。當然，凡夫沒有到過妙高山，即使過去去過，也不理解。「八方」，我們都知道，東西南北、東南西南東北西北，這叫四方四隅，就稱「八方」。他是顯示四德，常樂我淨。有時候把八方顯成八聖，八聖就是聖道，就是我們講的八正道，正見、正思惟、正語、正業、正命、正精進、正念、正定，這屬於名相。這八種都是正，所行的道是正道，看一切問題是正知正見，思惟是依著佛的教導來思惟，說話語言都不離開佛的教導，所行的都是菩薩道的事業。正命呢？以法身、性命爲命。一天所行的，都是在菩提道上精進，不退墮。正念呢？不起邪惡覺觀，就像我們說不胡思亂想，念念都在三寶之中，正定。

「德妙」，有德的人不爲外邊境界風所吹動。菩薩有八法，八方就比喻菩薩的八法，菩薩經常說八風吹不動，八法吹不動菩薩，利衰毀譽稱譏苦樂，這叫八法。

「眷屬妙」，妙高山有些眷屬，山的眷屬，周圍有七金山。七座金山圍繞著中間的這批山，叫妙高峰。還有七重香水海，那個海水圍繞的不是鹹水海，太平洋、大西洋、南冰洋、北冰洋，這都是鹹水海。這個海水是香的，香水海。有七山、七海圍著，香水海圍著須彌山。若是表法呢？表七支戒。大家學戒都知道七支戒，不殺生、不偷盜、不邪婬、不妄語、不綺語、不惡口、不兩舌，這叫七支，再加上貪瞋癡，就成了十惡業。

「依持妙」，佛上升到這個天，作什麼去呢？有的說佛的法體不動，有的說佛的肉體不動，不動就是沒有離開菩提場，而上升須彌頂，到忉利天去，這是形容詞。

「作業妙」，佛到那兒去要有作業，作業就是說法，應十方而說法。但是升忉利天的時候，這個是在四大部洲的中間，不離本處，而上升忉利，形容佛的業用不可思議。到忉利天，目的是說〈十住品〉。

〈十住品〉講的是什麼呢？聞思修。信了，信了就要去作。怎麼作呢？聞十住的法門，要思惟十住法門，思惟修行理解。這不是相，要理解它的體，因爲這個住是無住，十住是住即無住。因爲你的信心，信自己跟毗盧遮那無二無別，信無住、信無作、信無爲。光信不行，還要理解，理解了之後要思惟，思惟了要行，行就要去作去了。因此，在這個法門當中，比十信又深入了。十信，我們也講體了，那個體只讓你信，因為那個你能信了，下面才能作，作了才能證得。

怎麼能夠消除三災八難？怎麼能夠離苦得樂？這個時候你必須懂得這個義理，依著這個義理而住。但是先要分析，說怎麼樣能免三災八難，忉利天能免三災八難嗎？忉利天還是天上的第二重天。這個天苦難還是有的，三災他就免不了，都要受。

須彌山，在人間說是最高的地點，在天上說是低的，在六欲天它是低的。初天二天，四王天、忉利天都在須彌山，一個在中間、一個在頂上，夜摩天離開須彌山，在空中了。經上說，佛升須彌山頂，到忉利天宮。善財童子五十三參的時候，在妙峰山頂見到德雲比丘，也是如是顯的，這是圓教的發心品。那是形容什麼呢？形容忉利天這個宮殿，有十佛在善法堂都說過法，十佛，不是現在賢劫的七佛。

無量的身雲，佛佛道同，都是從他的本心地，信住到如來家，形容須彌山頂，這是講的世間相。這是講佛要升到善法堂，升到須彌山頂上的時候，說這個處所、講這個處所的歷史，到善法堂說法，說什麼法？說十住。說修行十住法，在善法堂說的，叫妙高峰善法堂。誰請佛去說的呢？是佛自升到忉利天，帝釋請佛，有請才說。有根，再假外緣，叫緣促成，這就是說法的趣向，「以嚴處請佛赴感為宗，根緣契合說法為趣。」

十住位說法，不止這一處，不止這一品經，這僅是〈升須彌山頂品〉。說十住法門有六品經，〈升須彌山頂品〉、〈須彌頂上偈讚品〉、〈十住品〉、〈梵行品〉、〈初發心功德品〉、〈明法品〉，這六品經說的都是十住法門。現在說的是開始，用須彌山頂處來表示這個法，隨著經文再解釋它的意義。因爲在這品以前，是在普光明殿，是在人間說的。那個在普光明殿說的，在人間說的，成就十信心。成就十信了，十信滿了入了住，所以在是須彌山頂說十住法門，一位一位的升進，這六品經把十住法門說完全了。這是以處所來表明這個法。

帝釋天有天主，就是帝釋爲主。我們說這個是三十三天，三十三天是以帝釋天爲主。帝釋有四個名字，一個叫天帝釋，一個叫憍尸迦，一個叫釋提桓，一個叫因陀羅。爲什麼經上都說因陀羅網？帝釋天主有個網，那個網就用他的名字來起的，叫因陀羅網。妙高峰是寶所成的，山外頭有七重金山，七重大海，廣量非常之大，大家都看到佛的頂上有一隻鳥，那鳥叫大鵬金翅鳥。牠把兩個翅膀這麼一鼓一扇動起飛，萬萬九千里，牠經過七日七夜才飛到這個山頂上。牠一展翅就是萬萬九千里，牠要飛這麼長時間，七日七夜，所以我們見不到妙高山！現在我們科學發達，見不到妙高山，形容這個山極其高。牠一展翅就萬萬九千里，九千里乘一萬，把這一萬再數到了十萬百萬千萬萬萬多少里？這一展翅這一飛，牠飛七天七夜才能到了須彌山頂，所以稱「妙」了。

《華嚴經》上講的，大家心量得大一點，拿世間相可以講，牠這個大鵬金翅鳥七日七夜，現在電訊電子一打開，圍著我們這地球就轉七圈，只要一開電門就轉七圈，這也達不到妙高峰。我們要想爬到妙高峰山頂上，人力作不到的，要神力。

一般的說，帝釋天的天王都是菩薩的化身，菩薩寄位化度眾生。這是人間，為什麼？有生滅、有尋思、有觀察。現在我們學法是攀緣心，因此用攀緣心來形容著，說這個山頂上是妙高峰，很高。我們一般說山都超出平地了，妙高，這個山不但比平地高還高多了，不是拿人間的尺量來計算高低的。

還有形容妙高山，形容不動義。三十三天所居的，它很莊嚴的，升天就是福報所感的。有時候，佛經上形容方便三昧，方便三昧就是定，不動了，定不動了就是三昧。但是這個不是眞的，是方便善巧。以佛的性體來講，以我們眾生的心來講，心不動，不動就沒有私，心不動無私。無私就沒有心，那個心是跟法身合的，是他以智慧妙生出大定，這樣來解釋的。

得法的妙樂、殊勝、智慧、莊嚴，形容智慧的。十住法門所學的解脫道理是微妙的，是生如來智慧家。住就是住在如來的智慧家，回家了，就是這樣意思。因爲一到住，這個住是無住的住，一入住的法門，見了法性，就是生了智慧之家。這個時候，一切的無明頓盡，這才叫眞正的開悟了，大徹大悟。但是習氣、煩惱，要漸漸的以法治除。三十位菩薩一位一位的斷這個煩惱，斷習氣。像〈十住品〉上說，菩薩住處廣大，跟虛空法界等，他的心跟虛空法界等，他的住處就是虛空法界。因此說他住在過去未來現在一切諸佛所住的。

在十住的菩薩發菩提心，那叫〈初發心功德品〉，這個功德不是平常經上所講的功德，是《華嚴經》的發心功德。他一發心就跟諸佛平等平等，《華嚴經》上說，初發心時成正覺，一發心跟究竟心平等了，如是二心初心難。這是入了住的發心，不是現在我們的發心，也不是十信位的發心，這個絕不能跟小乘、中乘、大乘、三乘方便教來相等的，這是華嚴獨特的。

我們說一切大乘經典，不能跟《華嚴經》的發心相等。三乘法，小中大都叫方便教，方便教不是眞實的，因爲十住菩薩就是地前菩薩，三賢位的菩薩能折伏現行的無明，他能夠把這個折伏，現行的無明使他不起。他能夠漸漸的登了十地。因爲這是一切諸佛根本不動智，依根本不動智發心緣故。這個成就什麼乘呢？成如來一乘的智乘而發心故，如來的一切智乘而發心，與十住位能與如來同智慧故，他的智慧跟如來等。爲什麼能夠百界作佛呢？入了住位，不同三乘。他所用的觀力是眞空絕相、理事無礙、周徧含容這三種觀力。

「從佛不動智而發菩提心」，前面講南方不動如來，文殊的大智依著不動智而發的菩提心。沒有餘習，漸漸的用無住智慧來制伏煩惱習氣，但只能制伏煩惱習氣。他不斷惑也不伏惑，爲什麼？寂用自在故，定智均等。自在就是寂用自在，三昧自在，三昧自在就是定。無體、無可斷、無可伏、任性淨故，那就無作、無爲了。任法性的理體，自然而調治習氣，他得到稱理智，如佛的願行。

用教義來說，歷代祖師說開悟，明心見性、長養善根，跟《華嚴經》完全不一樣的，那個開悟了明心，他沒有妙用，十信滿心的菩薩有妙用。明白了沒有用，不就等於沒明白一樣嗎！我們學了佛之後，明白了生死苦，但是你制止不了，還造生死業，你知道生死苦，別造業了，但是你還在造業，還要去輪轉生死，不產生妙用。明白了必須得到，得到了產生妙用，產生了妙用了了生死，不受生死了他自在了。我們不自在。

這裡頭有次第，我們講六品經文，一個是方便發起，〈升須彌山頂品〉、〈須彌頂上偈讚品〉這兩品是方便發起，後四品是正說，我們會講到〈梵行品〉，〈梵行品〉的文字很少，但是那個道理可深了。這是顯住位的菩薩，一發起，一登了住，特別殊勝。

這裡頭分十段，「一本會齊現，二不離齊升，三各見佛來，四各嚴殿座，五皆來請佛（請佛居殿），六俱時入殿，七樂音並止（樂音止息），八各念昔因，九同讚如來，十殿皆廣博嚴淨也。」這是十段科目標題。

○釋文

爾時如來威神力故。十方一切世界。一一四天下閻浮提中。悉見如來坐於樹下。各有菩薩承佛神力。而演說法。靡不自謂恆對於佛。

◎本會齊現

第一個是本會齊現。為什麼叫「齊現」呢？這個世界是無窮無盡的世界，也有無窮無盡的忉利天。每個四天下的閻浮提中，同看見如來坐在樹下，各有菩薩承佛神力而演說法。《華嚴經》一舉，舉十，十之後再舉，十成千，千成萬，之後重重無盡，這是放開的。收攝呢？回歸於一塵、一毛、一念，放時無量，回收於一毛一塵一滴。

「爾時」，什麼時候呢？在佛菩提場普光明殿的時候。說法的主，說法的伴，與會的那些大菩薩，全來集合到一起了，全來聞法來了。這講重重無盡的十處，「欲明前會不散」，前會並沒散，後會又再說，這是《華嚴經》特殊的意義。必須這個會結了，才說那個會，不！這個會並沒散，就去開那個會，這叫重重無盡。菩提樹爲本，其他的都爲伴，《華嚴經》一共講了九會，始終沒離開本，其他都叫伴。

第一會是體，其他的會都叫用，同時頓徧。體即是用，用即是體，無前無後，不壞前後，同時俱演。意思就說佛升到忉利天說法，菩提場還在說法，普光明殿還在說法，並沒散，同時頓演。

不離覺會，而升四天，沒離開菩提場升到忉利天，而且十方一切四天下，都看見佛還坐在菩提樹下。十方諸佛與十方諸大菩薩，同到菩提場而演說法。都感覺著自己對著佛，佛給他們說的。這種境界相，不能用意念想像得到的。現在可以用這個比喻但是不能現身，能現影，我們用網路在這兒講，妙吉祥寺也能看到，我們在這裡講，他們也能聽到，那是影子。佛這個不是影子，十方都看見佛在說法，在這個會看見佛對著他說，都是對面說法，他們並沒感覺差異，都如是，「靡不自謂恆對於佛」。所有菩薩承佛的神力都在說法，塵說、剎說、正報說、依報說、微塵剎土都在說法。這就是華嚴的特點，只有《華嚴經》這樣說。

這是講如來的神力，十方所有一切的世界，每個世界都有四天下，都如是。到最後七處九會都在說，沒有前沒有後。不是前會散了，成了後會，不是的，這叫法界無礙。就《華嚴經》的三觀說，這叫周徧含容觀。我們誰也沒有受用，但是都這樣想像，現在我們可以上網，上網有這些現相，這現相是假的，不上網的見不到。但是恆對佛前，這個不容易了，他自己想我永遠對著佛，佛就是給我說的，「靡不自謂恆對於佛」。

◎不離齊升

爾時世尊。不離一切菩提樹下。而上升須彌。向帝釋殿。

一個是動態，一個是靜態，釋迦牟尼佛在菩提樹下說法的時候，有時候說釋迦牟尼說，有時候毗盧遮那說，都可以，三身即一身。

在菩提樹下是靜相，到忉利天應該是動，升忉利天來了嗎？沒有動相，沒有靜相，佛三昧就如是。沒有住相，也沒有去相，住去不相隔。不離而又升，不離菩提場上升須彌頂，這個說法就太多了，一切的經論上，各所見，各所云。有的經論上說本師釋迦牟尼佛在菩提樹下入定了，另起的應身化身升在忉利天去了，這是一種。另一種說佛在菩提樹下是報身、升忉利天的是化身，這又一種說。

一種說在菩提場不起的那是法身，升天那個是佛的用，體不動，升天是化用。這種說毗盧遮那佛十身，說一就是十，有的說三身，法報化，《華嚴經》都講十。一切諸會，到後面七處九會，都在說的時候，那就是十身無盡身雲，十即是一，一即是十。

還有的說佛到忉利天，不去而去，這是佛教圓融的語氣，這叫不起於座，不去而去，這叫不去不坐。不來相而來，那叫不見相而見，這樣子升起，跟去就有離了。有化有本體，那就有體用了。有的說，這是佛的神通，佛的體上的業用。住就是去了、去就是住了，住是體徧，去是用應化身。

究竟何者爲對呢？有這麼多說法，要這樣說，住菩提樹下也是用，不是體。佛是無住而住，住即無住，無住是徧一切法身徧一切處。升天就是體徧，不是用，是體徧。體用有時候即體之用，用即是體，體跟用是不分的，體用是一個。但是，各有各的見解，如是體會。

證得法性，得到佛的究竟菩提的時候，佛的智慧是周徧的，佛的體是無處不在的。無依無住，沒有個住，也沒有去來之相。你在閻浮提感應就見佛住菩提樹下，你在忉利天的感應就見佛在忉利天說法。

這個會是以法慧菩薩爲主，法慧有個偈頌，「佛子汝應觀，如來自在力。一切閻浮提，皆言佛在中。」千百萬億閻浮提都說佛在那兒給他們說法，這是不離。「我等今見佛，住於須彌頂。」這升上去了，大家看到佛在須彌頂，在菩提樹下看著佛在菩提樹說法。

清涼國師舉個例，「澄江一月，三舟共觀」，三條船，一條船停著，兩條船一個往南邊，一個往北邊。往南邊走這條船在水裡行著，「見月千里隨南」，他看月亮就隨著他南去了。從北邊走那條船，「見月千里隨北」，說月亮隨著北船向北開了。

停著那條船沒動，「見月不移」，他看見月亮沒動，這是水中的影子。

「此月不離中流而往南北」，這個月亮也沒離開中流，可往南北去了，一個往南邊去了，一個往北邊去了，百千共觀，八方各去。隨你走，在水裡看，月亮都隨著你走的，各隨其去。有智慧者懂得這個道理，把它解爲十種道理，略有十義。

第一種約處，相入門，一處或者一切處，不管你在天宮、在樹下、在一切處，都能見到佛在那兒說法。約處所來說的，在哪個處所都見到佛就是升到那兒去了，就跟他們說法。

《華嚴經》講相入，一入於多，多入於一，互相攝入，在一切處就入一切處，各處都見，不動本處。爲什麼說升須彌山？因爲在人間升到須彌山去了，菩提場是在人間，在印度的迦耶，用這個是表法的。表什麼法呢？從十信進入十住，叫升了。從人間到天上，叫升上去了。這是什麼意思？

《華嚴經》上講，一即是一切，一切還歸於一。菩提樹也好，天上也好，一切處頓現。就像講那個月亮，一個往北，一個往南，往南的說月亮跟他往南去了，往北的說月亮跟他往北去了，在那不動的說月亮根本就沒動，用這個比喻來形容佛德。這個「德」不作道德講，佛的道，得於心，菩提道得於心。心得一切得，心自在故。

佛的身體呢？樹下的身，菩提樹下說法的那個身，徧滿一切處，徧滿法界的。既然徧滿了，還有什麼起嗎？還有什麼升嗎？有機則見，眾生機緣成熟了就見到了。

現在也如是，釋迦牟尼入滅了，是你沒成熟，你成熟了，釋迦牟尼佛就沒入滅。佛自己也在說，我只是不現佛身。

在《地藏經》第二品，佛跟地藏菩薩說：「我什麼身都現，佛身不現了，我現別的身，度眾生去了。」有機感，佛菩薩就應，就能令你見，你感不動、應沒有，緣不成熟。有因，無緣不能見；有緣，無因不能見！無緣無因更不能見。我們要理解我們的身，若能把我們這個身，達到了法界身，你也隨處現，隨處見。

「在此即在彼，法身無不現。」佛是證得了解脫自在不思議，自在解脫了就是隨坐隨行，行住坐臥都如是。「在此即在彼」，你看是坐著，他看是行著，都如是。這是你測度不到的。還有，互有因緣，約緣起說，緣起相由，諸法從緣起。那個緣生了，緣起了，就成熟了，隨處可見。我們經常講法性理體，法性理體是融通自在的，你身即我身，我身即你身，法身一一身，四百個人就一個人身，一身，一身即他身，現男相、現女相、現老相、現小相，無相不現！你立一面大鏡子，動物植物，有什麼現什麼，法性融通，無障無礙。

又者顯法，此處殊勝，此處機成熟了此處現，彼處成熟了彼處現，一切處都成熟了一切處都現。這個道理我們現在能夠理解，怎麼理解呢？現在我們這個在這兒講課的網路，哪有個寬帶，哪跟我們這掛上線，他就收去了，他有他收，誰都可以收，收到都是一樣的。管你北京的、太原的，乃至家庭的，他把寬路電視，把電一放都通了，這很好顯示的。又法性相同，此處彼處，此身他身，約去約住約來，約多約少約一，都一樣的，處處無礙，時時無礙，身雲無礙，一切都無礙。這個理解了就知道了，所以說不離菩提樹，上升忉利天。

佛從一說《華嚴經》，就在菩提樹下說，而後發展七處九會都在說，還是沒離開菩提樹。這個要多思惟，這樣思惟成熟了，一切業障，立地成佛。我們經常講立地成佛，佛身即自身，自身即佛身，經常這樣觀，就立地成佛了。

這是在觀的時候！不觀的時候不成，那觀成就了，證得了，確實就這樣子。十信滿心，信，一登了初住，再發菩提心。法性是融通的，通達的，融合在一起的。這就像我們拿灰麵作花捲，作饅頭，作餃子，反正都是灰麵作的，體性是灰麵，不論你作好多形狀不同，它還是灰麵，每一個拿這本體來。同是一個法性，現什麼身都可以。你得會得，會得得證得，證得了能起妙用，現在我們沒得到，明知道自己跟佛無二無別，但是不起妙用，惑斷不了，問題就在這兒。

◎各見佛來

時天帝釋。在妙勝殿前。遙見佛來。

一切的用都是從體上起的，但是還有機感，帝釋天就是機。「天帝釋」，釋提桓因。因爲佛一去，境由心現，這個境在帝釋天心裡顯現了！所以說「遙見」，「遙見」是他心裡顯現。

◎各嚴殿座

即以神力莊嚴此殿。置普光明藏師子之座。其座悉以妙寶所成。十千層級。逈極莊嚴。十千金網。彌覆其上。十千種帳。十千種蓋。周迴間列。十千繒綺。以為垂帶。十千珠瓔。周徧交絡。十千衣服。敷布座上。十千天子。十千梵王。前後圍繞。十千光明。而為照耀。

他看佛來了，就接待佛。接待佛得有殊勝的道場，我們每天要上課，殿主師得先莊嚴一下，打整打整清潔，這也如是，帝釋天的天王，他看見佛來了，用他的神力來莊嚴寶殿，請佛來說法。即以神力莊嚴佛殿，放上普光明師子之座，以他的神力，看見佛來了，得請佛坐，這個座叫什麼呢？普光明藏師子之座，師子是形容詞，普光明藏。這個座是以妙寶所成。沒說什麼寶物了，絕對不是人間的寶物。

「置普光明藏師子之座，其座悉以妙寶所成，十千層級，逈極莊嚴。」十千層級，就是一萬級了。那得佛的神力，我們要上這個臺階上一萬級，我們朝黛螺頂才一千多級，累的要死，一萬級，你得上半天，還上不去。但是，每個層級都是極其莊嚴。

「十千金網，彌覆其上。」他不說一萬，說十千，文字上關係，就一萬個金網，在這座子上邊，免得落灰塵，這是莊嚴具，殊勝殿哪裡有灰塵，沒有。那個寶座上十千金網，在寶座上覆蓋著。

「十千種帳，十千種蓋，周迴間列。」我們這個座是空座，這得有帳，就像那帳棚，就像我們那蚊帳一樣的，不是一個兩個，而是一萬個。上面有個幢旛寶蓋，一萬個蓋，錯綜複雜，巡迴間列。

「十千繒綺，以爲垂帶。」繒綺就是莊嚴的，就像我們莊嚴絲綢的穗子，拿這個來作垂帶，小垂帶，莊嚴具了。「十千珠瓔」，纓絡，纓絡上綴著珠寶，珍珠瑪瑙雕飾著。

「周徧交絡」。一萬件衣服，供養具了，一萬件衣服幹什麼呢？「十千衣服，敷布座上。」這個座拿著寶，拿萬件衣服敷上，把它包圍起來了。

「十千天子，十千梵王，前後圍繞。」不止帝釋天一個，一萬個天子，一萬個梵王。本來是在六欲天，梵王也都來了，神力前後圍繞於佛。

「十千光明，而爲照耀。」我們所謂十千光明，就是一萬盞燈，燈放光明，或者帝珠放光明，帝釋天有珠子，放光明的，照耀著殿堂。這個殿都用十千來形容，表法的。這殿堂所有來聞法的，都是法器。除了這些事物的法器，供養具，聞法的器皿。這些都把欲、根都轉成了清淨的法器，受法的器皿。

是不是法器？把人形容成法器，是什麼意思？就是佛所說的法，你承受不能承受？能領受不能領受？能承納不能承納？容得下容不下？器皿的大小，那是根。說你那個眼耳鼻舌身意的六根，都變成智慧。

爲什麼都說十？十千，千是形容詞，就是十住的法，說十住的法門。這上所說的是十句，十樣事，都是十。但是總的是什麼呢？普光明藏。普光明藏含藏著都是普光明。互相表法的，你從信位入了，十個。十個的信位變成多少了？變成萬了，十十成百，百百成千，千千成萬表什麼呢？萬行因緣。以萬行之因，感佛之果德。

佛的道果是這些熏習而成的，從十住開始，這時候發菩提心，我們經常說莊嚴佛國土，莊嚴佛淨土，怎麼莊嚴的？這樣莊嚴的。都說十千，本來是萬，要說十千。說十千，表示萬行之因，無量的萬行之因。因感果德，以因感果。從凡夫地到佛地，一層一層的，十千層級，一步一步的。這都是表法的，說我們在生死道中，永遠處於暗境的，用佛的光明藏，來照破我們長夜的黑暗，這是教我們去行因，要發菩提心。行因才能感果，行因就是修，因具了，有因必須有果。十千就是層次，一萬級一萬級的層次，萬行。一行一行的，往上增長，是漸漸增的。之後才請佛來坐這個寶座，坐了寶座之後才請佛說法。

◎請佛居殿

爾時帝釋。奉為如來敷置座已。曲躬合掌。恭敬向佛。而作是言。善來世尊。善來善逝。善來如來。應正等覺。唯願哀愍處此宮殿。

帝釋天主把如來所坐的座敷好了，恭敬合掌對佛說：「善來世尊，善來善逝，善來如來，應正等覺。」如來的十號，三請，三問善來。如來降臨帝釋天宮，他非常歡喜，尊敬佛，所以，他三次禮請，三請就是表示身口意三業，這是一個請佛的儀式。佛是應著眾生機而來的，不來現而來，不見現而見，所以三稱善者，表示非常歡喜的意思。

一般眞正的說法，請法師陞座的時候，大家都看見過那儀式，我們現在沒作那儀式，爲什麼？因爲我們是作爲學校上課的儀式，不作爲說法的儀式。說法的儀式是很莊嚴的，這是佛制，同時，顯恭敬心。佛在世說法，不是很長時間的。我們看《華嚴經》很長，這是意境。前面這段經文是表示尊敬、殊勝，法殊勝故。因爲機緣，說者、聽者，一聞了他就開悟就證道了，所以非常愼重、非常恭敬、非常莊嚴。

◎俱時入殿

爾時世尊。即受其請。入妙勝殿。十方一切諸世界中。悉亦如是。

如來沒有語言，受他的請，就入了殿。不只這個勝法堂、勝妙堂、妙勝殿，其他的十方一切，就這個三千大千世界的所有一切世界，都如是。

◎樂音止息

爾時帝釋以佛神力。諸宮殿中所有樂音。自然止息。

宮殿中的樂音，晝夜六時不停的，自然的。宮殿中音樂的音，這種音是散亂，那個攝於寂靜，「攝散歸靜，得定益故。」「止息」就是入定，定中聞法，一切都寂靜了。現在我們現在這個殿，這個法堂當中，什麼音聲都沒有了，寂靜了，就是寂靜的意思。

為什麼要說假佛的神力呢？因為我們一切處、一切時，都應當有這種觀想，我們作一堂的法事，我們現在上課，得到佛的神力加持，這個叫不可思議，不是人為的，人為的不行。帝釋天，因為假佛的神力，使宮殿一切音樂自然止息了，攝於散亂，歸於寂靜。

◎各念昔因

即自憶念過去佛所。種諸善根。而說頌言。

因為還得請示，所以帝釋天的天主回憶，憶念者就回憶過去，他不是經過一佛、兩佛，而是經過十佛，有現在佛，有過去佛。帝釋天的天王回憶過去諸佛所種的善根，這叫什麼呢？這叫宿住智，過去世的智慧，過去所種的善根。同時，也用這個讚歎的偈頌，讚歎佛來這兒說法。同時向佛說，不只世尊，過去的諸如來以他們的大悲心，都來到妙勝殿說過法。以下就舉來過的佛，一共有十位佛，十尊佛。

◎同讚如來

迦葉如來具大悲　諸吉祥中最無上
彼佛曾來入此殿　是故此處最吉祥

過去迦葉佛來這個殿裡說法。這裡頭包括三世一切諸佛，我們未來的、將來的彌勒佛也在這個殿裡說法。在這個殿說的法門，是十住菩薩所要行的法門。過去十佛都來這個殿裡說過法，這個妙勝殿殊勝可知了，非常殊勝的。那些諸佛來這個殿說法的，他舉一種，不是全說諸佛的事迹，只是來勝妙殿的這一種。過去佛說，現在世尊也來說，法是常恆的、不變的。這是僅舉這一個世界，這個世界如是，十方一切世界都如是。佛佛道同，道同是體上，各個佛的說法的義理是一樣，但是過程不一樣、時間不一樣、條件不一樣。過去佛來這個殿說法，他們所放的光明、他們的大悲心，各個不同。

「迦葉佛」，釋迦佛是賢劫的第四尊佛，迦葉佛是賢劫的第三尊佛。先由近說遠，帝釋天對著釋迦佛說，迦葉佛曾來這個殿中說法。「迦葉佛」，「迦葉」翻成華言叫「飲光」。經典上傳說，迦葉佛就是釋迦牟尼的本尊，因地的本師，釋迦牟尼佛接的佛位，就是接迦葉佛。

拘那牟尼見無礙　諸吉祥中最無上
彼佛曾來入此殿　是故此處最吉祥

「拘那牟尼」，舊曰「金仙」、亦叫「金寂」。「寂故無礙，金故明見。」拘那含牟尼佛是過去七佛之中的第五佛，現在賢劫千佛的第二佛。

迦羅鳩馱如金山　諸吉祥中最無上
彼佛曾來入此殿　是故此處最吉祥

「迦羅鳩馱」，沒有說全，若說全了，是「迦羅鳩村馱」，我們叫「所應斷已斷」。就像從金礦裡取出來沙子，把沙子都清淨了，全是金子，就是已淨。如山不動，沒有障礙的，佛的德像金山一樣。「迦羅鳩馱」，我們翻譯叫「拘留孫佛」，在好多經上念的是拘留孫佛。他是過去七佛當中的第四尊佛，賢劫當中，他是第一尊佛。翻成華言，就是「領持」、「滅累」。涵義就是所應斷者，一切煩惱都已斷、成就最美妙的。

毗舍浮佛無三垢　諸吉祥中最無上
彼佛曾來入此殿　是故此處最吉祥

「毗舍浮佛」，就是「毗濕婆部」。「毗濕婆」，翻「偏一切」。「部」者是自在的意思，或者「偏勝」。「無三垢」，「現、種及習」。無三垢的解釋跟我們所說垢的不同，一個現行，一個種子，一個習氣，這三種垢染，無三垢就是沒有這三種，清淨的。過去七佛之中的第三尊佛。

尸棄如來離分別　諸吉祥中最無上
彼佛曾來入此殿　是故此處最吉祥

「尸棄」，我們叫「持髻」，髻是髮髻的那個髻。又可叫「有髻」，表示無分別智最爲增上。如頂髻一樣的，「髻中明珠」，明珠是表示無分別。尸棄佛在七佛當中是第二尊佛，屬於莊嚴劫。

毗婆尸佛如滿月　諸吉祥中最無上
彼佛曾來入此殿　是故此處最吉祥

「毗婆尸」，翻「淨觀」、又翻「勝觀」，又翻「勝見」，又翻「偏見」，像月亮似的圓滿，所以智慧也是圓滿。既圓且淨，是勝觀勝見。毗婆尸佛是過去七佛的第一佛。又翻「毗鉢尸佛」，翻爲「勝觀」、「淨觀」、「勝見」，取一個名字就可以了，涵義很多。示現八相成道，跟釋迦牟尼佛大致相同。

弗沙明達第一義　諸吉祥中最無上
彼佛曾來入此殿　是故此處最吉祥
提舍如來辯無礙　諸吉祥中最無上
彼佛曾來入此殿　是故此處最吉祥

「弗沙」，亦云「勃沙」，「此云增盛，明達勝義，是增盛也。」「提舍」，也云「底沙」，「此云度」，說法之說者。〈玄應音義〉裡頭說：「底沙」，「此云圓滿」，什麼叫「底沙」呢？圓滿的意思，以一個星星為名。

波頭摩佛淨無垢　諸吉祥中最無上
彼佛曾來入此殿　是故此處最吉祥

「波頭摩」就是「赤蓮華」，紅色的蓮華，赤色蓮華。「身心如蓮華，淨無塵垢。」說我們的身心如蓮花一樣，清淨沒有塵垢。

然燈如來大光明　諸吉祥中最無上
彼佛曾來入此殿　是故此處最吉祥

「然燈如來」，我們都說然燈古佛。在〈大智度論〉，然燈佛從他出現，現生乃至於成佛，「舉身常光，如然燈故。」光明就是智慧光明，像然燈一樣的，普徧一切處。過去的古佛，他也曾來到這個殿，說過法。約時劫相說，古佛如今佛，約處所來說，此處彼處，與世界上一切處都一樣的。《法華經》這樣說，「天人見燒我土不毀」，梵王見著清淨的，「梵王見淨，身子見穢」，舍利弗見這個世界穢染的。「今此天帝，是大菩薩，同梵王見，亦佛加故。」

上面是帝釋天向釋迦牟尼佛介紹，說這個法堂可不是一般的法堂，經過這麼多佛在這說法，所以此處最吉祥。勝讚這個妙勝殿。此殿如是，無窮無盡世界的。

如此世界中忉利天王。以如來神力故。偈讚十佛所有功德。十方世界諸釋天王。悉亦如是讚佛功德。

無量世界，每個世界都有個帝釋天，都有一個須彌山，在《華嚴經》上，一即是多，多即是一。大家聽到這麼長段的經文，帝釋天向佛介紹，說妙勝殿的殊勝。

◎殿皆廣博

爾時世尊。入妙勝殿結跏趺坐。此殿忽然。廣博寬容。如其天眾。諸所住處。十方世界。悉亦如是。

帝釋天向佛這麼介紹之後，釋迦牟尼佛就入妙勝殿裡結跏趺坐。「此殿忽然，廣博寬容。如其天眾，諸所住處。十方世界，悉亦如是。」這個殿突然廣闊，開闊了。表示佛的大慈大悲，等眾生界，他的覺智現前，令一切眾生都能開闊心地，說十住法門。十住法門，因為他見著本體，相似見著體性，十方世界一切都變了體性。就是前面所講的，不離菩提樹而入菩提體，沒有去也沒有來，也沒有遠也沒有近，也沒有什麼叫可離可到，如來的智身徧法界。如來的智慧身，徧法界一切處，都如是。

法界呢？就是心生萬法，萬法唯心，法就是一切法，界就是心，心生萬法，萬法唯心，這沒什麼大小，也沒什麼長短方圓，也沒什麼青黃赤白，也沒什麼顯相。

依著這種道理，帝釋，就是帝釋天的天王，帝釋看見佛來了，這是事，看見佛來這是事。理上說的，也沒有個來也沒個不來，如來也沒個來去性，這是示現來去相，所以叫遙見，遙遠的看見。

表法呢？帝釋天是就事來說，還沒有開悟，不見如來的智慧法身徧一切處，智跟心是一體的。因此遙見佛來信解，因爲信了、解了，十信滿了，理解到了。自心入位，自己的心入了住的位，所以見佛來，這樣解釋的。

法呢？法者就是心，佛在菩提樹也就是普光明殿，一而不二的，並沒有來去相，帝釋見著有來去相，佛沒有來去相。佛現在這個座，這是十住位中的法位，帝釋天的妙勝殿是十住法中的法位。這個處所在十住中，僅限制十住，得一切佛的智慧光明之藏，能夠於一切法自在無畏。十行位在夜摩天，夜摩天坐的那個座叫寶蓮花座，這個是妙勝殿的座。約行的說了，進入十行了，在一切生死當中，具足大悲，行萬行，以大悲心行萬行，利他的行，以理智體得無染垢。所以到十行的時候，住的夜摩天宮，是蓮花爲座。按十住位表法的說，一切諸佛的智慧光明，普照萬法，安置普光明藏的師子之座，這是在十住位，十千層級。十行中不同了，不是十千層級，化作百萬層級的師子之座。十住，這是剛入位，只在須彌山上面。

須彌山這個天叫地居天，「猶連地居」，跟地還連著，這是初始入位的，在須彌山上，這叫地居。「明心有所得」，從你心裡所得，「從信創會見法之報」，以這個道理，師子之座須有安置，這叫方便三昧。十行位是照著十住位中的理智、妙慧，修成功了，安住的。十行位呢？就是妙用，以妙用來化的座。行是動義，不是靜義，行是從空中而立的。第三天，就空中天了，叫夜摩天，夜摩天空居的天，跟地脫離開了。所以他那個等級，就是百萬層級，不是十千層級了，百萬層級，徧諸刹海。這個座，一直到十迴向、十地，高下嚴飾，各個位不同，所現的境界也不同。識果行因，識到果而行的因，沒有疑惑了。

所以，帝釋天向佛致敬，請佛入宮，「明行謙行」，這是謙行，謙卑的行爲。如來受請了，從信入住，從信位入了住位。帝釋天得到什麼呢？得到宿念（智）力。宿是過去了，回憶過去的這個智慧，叫宿念（智）力。因爲這是回憶他過去在一切過去諸佛所種的善根，以所種的善根智慧力量讚歎佛。

所以自己的三昧力，見自己的身心，同過去的古佛、現在的今佛，智慧善根生起，所以他說了十佛。這十佛合乎於十住位，相等的。前之三佛是賢劫中佛，後之七佛，是前劫中佛。入十住門，與法相會，古佛、今佛法不異故，過去的法跟現在的法，法是一也。所說的吉祥，說「此座最吉祥、此殿最吉祥」，就是有福有慧。

福是修善業得來的，慧是修觀得來的。

這個教義上的升進，進一位進一位，不是世間的功力，也不是世間用財富，也不是用福德。是什麼升進力呢？三昧力。身心不動，乃至於古佛、今佛同一智慧故。忉利天已下有四行經，於中義分爲四，一舉此世界歎佛的功德，二總舉十方一切世界同時如是，同讚歎佛的功德。三明如來升了妙勝殿。四明自德，自修的德，與他德合成爲一，令大眾得見。一切眾生能如實住，同此一樣的，這叫「升須彌品竟」。就是身心蕩然入定，稱法界性，也沒有表也沒有裏，內外一如，光明朗徹，那個殿忽然廣博，普容諸天住處。光明殿是師子之座，表示智慧現前，這是佛的來義，一切諸會都如是，這品叫〈升須彌山頂品〉。

升須彌山頂品 竟

須彌頂上偈讚品

○來意 釋名 宗趣

這一品叫〈須彌頂上偈讚品〉。「既明化主赴感，今辨助化讚揚」，佛是化主，〈十住品〉這些登位的菩薩，有這個緣了，感！感了佛就應，這就是我們經常講感應、感應。要說十住法門，得先說體性。十住菩薩見了佛的體性，還不是眞正知，只是見到！見到就是悟得，悟得了就是明白了。

以下是解釋〈偈讚品〉宗趣，因爲這個讚歎，就在須彌頂上讚歎，讚歎什麼？讚歎佛的功德。依處所來讚歎，所以叫〈須彌頂上讚歎品〉。「以集眾放光偈讚爲宗，爲成正說爲趣。又顯佛德爲宗，令知住體爲趣。」這品是以佛放光、偈讚而達到他的趣向，達到目的，達到佛德！令他知道十住的體，證得這個體。

以下有十位菩薩，都是以智慧定位，以法慧菩薩爲主的。到〈梵行品〉，正念天子就問法慧菩薩，云何生清淨行？那就是從住而入行位，這就知道進修的方法。現在只是令信的菩薩入了住位，再從住位的菩薩進入行位，一層一層的。同時，以智慧的悲智，具足古今諸佛，入了住位的菩薩一定成佛。自身跟未來的佛，跟過去的古佛，合而爲一。現在、未來、三世一切諸佛，就這麼一句話，他的體是一個的。

因爲帝釋讚歎佛，是指當位的十住菩薩說的，立這個法門，〈偈讚品〉，令信心滿了、入了住位的菩薩，讚歎佛所攝化的，或者報答佛的恩，讚歎過去的佛，讚歎現在的佛，也讚歎自己就是未來的佛，入了此位，未來的佛就入了住位。因爲入了住位的菩薩就是未來佛，所以只說過去佛、現在佛，沒有說未來佛，爲什麼？這些住位菩薩，都是未來的佛。盧舍那是現在佛，始入位的都是未來諸佛。

十住之內，須彌山頂上說的六品經，全是住位菩薩的事。信位滿心了，升了住位，所演暢的都是住位菩薩的事，讚歎當位之法，讚歎十住法門。所讚歎的全是十住法。

《華嚴經》的圓滿教是講次第的，不是不講次第的。有的經論上說，頓超直入，立證菩提，明心見性就成了佛，《華嚴經》不是這樣講的，明心見性還早，要一位一位的進修。明心見性並沒有住道，心即是佛，明白這個道理了，沒有證得。我們明明知道，粗糧要比細糧差一點，細糧要比粗糧好吃一點，知道是知道，得吃到才算事，你光知道算什麼！沒吃到，只是知道了，還隔一個層次。

同時在十住法門，你怎麼樣行？怎麼樣修行？說法六品經文，就告訴你在十住，怎麼樣任持無相之性戒。〈淨行品〉跟〈梵行品〉，〈淨行品〉是信位的菩薩要進入住位，要修清淨行。〈梵行品〉給你表示，在住位當中你持無相性戒，我們現在所持的戒，是有相的。〈梵行品〉講清淨無爲，無相的。十住的菩薩開始修行無相的法門，無相的性戒。〈初發心功德品〉，在十住又發菩提心，所得的功德量有好大？

須彌頂上偈讚品 第十四

○來意 釋名 宗趣

〈梵行品〉過後，講〈初發心功德品〉，那個功德不是世間相，不是一般菩薩的功德。乃至於初發心功德，要明法，明什麼法呢？明心法，叫〈明法品〉。這是從十住升到十行，這是當位修行的因果，以及向十行的因。

◯釋文

◎集衆分

爾時佛神力故。十方各有一大菩薩。一一各與佛剎微塵數菩薩俱。從百佛剎微塵數國土外。諸世界中。而來集會。其名曰法慧菩薩。一切慧菩薩。勝慧菩薩。功德慧菩薩。精進慧菩薩。善慧菩薩。智慧菩薩。真實慧菩薩。無上慧菩薩。堅固慧菩薩。所從來土。所謂因陀羅華世界。波頭摩華世界。寶華世界。優鉢羅華世界。金剛華世界。妙香華世界。悅意華世界。阿盧那華世界。那羅陀華世界。虛空華世界。各於佛所。淨修梵行。所謂殊特月佛。無盡月佛。不動月佛。風月佛。水月佛。解脫月佛。無上月佛。星宿月佛。清淨月佛。明了月佛。是諸菩薩至佛所已。頂禮佛足。隨所來方。各化作毗盧遮那藏師子之座。於其座上。結跏趺坐。如此世界中。須彌頂上。菩薩來集。一切世界悉亦如是。彼諸菩薩所有名字世界佛號。悉等無別。

「文有十同，義兼三異。」這段經文十同，十種都同。全段經文一個是集眾分，一個是如來放光分，一個是偈讚分，這一段經文分這麼三分。招集的因相同的，是以佛的神力招集的。同來此會相同，十方來的菩薩同名爲慧。十方諸佛來的佛國土，十方佛的國土都叫月。這是百世界佛之外，所來處的是同的，都是百佛世界之外的。表法名都是以慧解，因爲住位的解，解就是行，行跟解是相同的。住位依著行解，那所從來的世界同名爲華，這是同的。

所來的這些菩薩，「所事佛同，同名月者」。表示什麼呢？月者是明的意思，「智明暗息」，夜間如果有月智慧明，黑暗消失了，慧明黑暗消失。月有清涼義，眾生在熱惱之中得月的清涼，眾生在苦惱當中，得菩薩的說法救濟，這是十住感十法之果的。

月亮是有四種德，跟佛的三法合起來，一個是智德，「智明暗息」，智慧光明了黑暗就斷除了，這是斷德。還有種清涼義，給眾生普偏的清涼。「明是智德，暗息，斷德，清涼，恩德。」

以此意說這十種難得之法，都是殊特的。發十種大心，十種大心就是一心，都從發菩提心說起的，但是次第分有十種，不可窮盡。「觀於空等，不可傾動」，觀空義都如是。前面是信心，現在是住心。信心，信自己的心跟毗盧遮那無二無別，這個信心堅固，現在能住在這個心上，前面只是信而已，現在能住了。怎麼住的呢？

《金剛經》上，須菩提請問佛：「云何應住？云何降伏其心？」十住菩薩能降伏他的心，能住他的心，這個「住」可別當「住處」講，住即無住。非空非色，即空即色，見如來。這個住是無住的住，別像眾生，別像我們，我們住在哪就住在哪了。

住是什麼呢？是沒有執著了，一點執著都沒有了。所以「觀於空等」，觀想一切諸法境界相，跟空相等，可不是空，「於空等」說這個觀想的心，心廣大無邊，是這樣的「等」。我們凡夫二乘，他是住境，住一切境界相。登住位的菩薩住心，不是住境。

我們經常說：「心生則種種法生」，住的心讓它不生，住是無住。我們經常講供養，供養諸佛不如供養一位無心道人。無心是說一切妄心都沒有了。眞心呢？眞心是無住的，無住而住。講住，一定要知道這個住不是住在哪，跟我們心裡常想的那個住不同，住是無住而住的。觀空是不空而空的，不是境空，是心空。

「了知業行，生死涅槃，如風不住。」這個時候他了知一切的業行，起業造業，起心動念就是造業，造什麼業呢？造的涅槃業，造的生死業，造業不同。清涼國師拿風來比喻，風是不住的，風能住嗎？住就不叫風。風從何處起？我們天天看著颳風，我們這兒下午又開始有風了，從什麼地方來的風呢？它又止於何處呢？因爲它是不住的，生無生處、滅無滅處，生滅不住。

「聞十種法，心定不動」，所以就解脫了。但是他在饒益安樂一切眾生的時候，如水普潤。水是普滋潤，有情無情都滋潤，水怎麼滋潤無情呢？大家看看樹看看花草，看五穀糧食，沒水能生嗎？那些無水不能生，無風也不能生，水能滋潤不能使成長，風是助它成長的。微風吹動，動就讓它成長。這十種法，就是十住的法。「聞十不退，可謂無上。」這十種法，初住到十住聞了不退，能達到無上。「三業無失，如星明淨。」這是一住進入一住，所以他說難得，到十住了就圓滿了。

聞十種法，聞一百種法，聞一千種法，他的心不動，就叫解脫了。聞十不退，達到十住了，到第七住叫不退住，不會退墮到六住、退墮到初住，只能往前進，不能往後退。信位菩薩沒登住的時候，他還有退，進進退退，到七住就不退了。到八住的時候，三業無失，像星星似的，永遠明淨的。到這時候三業，隨意化身，隨意受生，自己心念想怎麼受生就怎麼受生。我們是隨業受生，他是隨意受生，這時候，他的神通妙用都自在了。

「若依空運轉」，他證得空性的理體，更加深入了。他有煩惱，有習氣。但是到第九住，他知道煩惱，煩惱起處就現起習氣，他隨起隨斷，就稱之爲清淨。

「觀察無數眾生根欲智慧心境，餘不能知」，觀察是觀察，不能像地位的菩薩，不能像佛，也不能像我們所說的觀音、地藏、文殊、普賢，他們觀一切眾生的智慧心境，完全能明了，住地菩薩還達不到這樣。除了觀察眾生的生起，根、欲，其他境外的就不知道了。還沒有登地，登地也不完全知道，得到八地菩薩，才能了知一切眾生的根欲心境。上來所說的這十種是因，但是能成就十佛的果德。

以下從十方來的菩薩，從東方來的次第，從西方來的次第，前面的〈如來名號品〉都詳細說了，這跟前面那品是一樣的。

這段經文顯示什麼呢？在一開始時候，哪些來會場的？因爲佛的光明感召，佛的放光感召。因爲佛的神力，感召十方大菩薩，從他那個本佛剎而來到娑婆世界的須彌山頂。不是只舉一個菩薩的名字，有微塵數那麼多菩薩，不是來一個人，一來就來的「其數無量」，之後就把這些來的大菩薩名字，一個世界一個世界說。他本所承事的佛都叫「月」。月是清涼，除眾生熱惱的、斷眾生煩惱的、破眾生黑暗的。在這個集會當中，佛並沒有說法，而是現神通。

◎放光分

爾時世尊。從兩足指。放百千億妙色光明。普照十方一切世界。須彌頂上。帝釋宮中。佛及大眾。靡不皆現。

「兩足指」，就是腳趾頭。大家知道諸佛沒穿襪子，也沒穿鞋，不然放光叫襪子、叫鞋子給遮上了，放不出光。你看佛像菩薩像，沒有一個佛像菩薩像有穿襪子穿鞋的，所以能從兩足趾放了好多光明？百千億妙色光明，不可思議的色，放出來這麼多光明。妙色是不可思議的色，就叫妙，不能以數字算，百千億是數字很多的，「言大數」，言其多的意思。「放百千億妙色光明，普照十方一切世界，須彌頂上，帝釋宮中。」這個光把所有世界須彌山頂的帝釋宮都照了，在那兒與大眾會集說法。

這段經文含著六種的涵義，哪六種涵義呢？「一時」，在這個時間。「二主」，世尊就是主，法主。「三處」，須彌山頂帝釋宮，處所。「四數」，數就是所有來的這些大眾。「五相」，不止有數，還有形相。「六業」，業就是宮殿所造的現相，寶座都是業用，佛的妙用。處，帝釋宮，十方世界的帝釋宮。兩足趾（指），就是腳的足趾。「足指距地，得住有力。」形容來聞法者，都是得到住位，住有力量，位也不退了。只前進，不往後退，直至菩提。

為什麼我們經常說入了信，沒入位呢？因為沒入位他要退。退什麼？退當凡夫。在人道還要退墮到畜生道，還要退墮到地獄。這些來會的大眾，都是不退的，成就位不退，他住有力。他的修行不是今天打魚，明天曬網，不是那樣子的，永遠精進不懈，恆常如是，這不是前面的信位菩薩。我們現在算是信位，是沒入位的信位，這個自己都可以知道。什麼意思呢？自己說我信三寶，或者受了三歸，受了五戒，乃至受了大戒，有信心了，落髮出家了，還沒有信心？這是世間相的信心。

從你心裡驗證，有沒有信心？覺知前念起惡，止其後念不起。這是第一個，一發覺念頭不對了，不相續，趕緊懺悔，使他不要起惡念。這個念頭就是留戀世間，也不是說殺人放火那個惡念，不是那個惡念，只說你信三寶之後，信心不能保持永遠如是，時進時退。道心來了，什麼都看得破放下了了，一心向道了。道心不來了，保不住你的道心，你的信心不堅定，遇著風吹草動，你就隨著動搖，這不叫有信心。

能夠覺知前念起惡，止其後念不起，信三寶的心，任何環境的干擾，乃至要捨掉生命，逼迫你放棄不信三寶，如果你隨著放棄了，你當然沒有信心。寧捨身命不退信三寶的信仰，這才算是有信心。

護法心、護戒心，特別是護戒的心，寧捨身命不去毀犯佛的淨戒。這又有十種。信心滿了到迴向心，之後才能登到住，我們用這十心來考驗自己，沒有入信，信位還沒入。當然這個住離我們很遠，初住菩薩一發心了能夠去一百世界示現成佛，我們沒有信心的，生死不能作主，自己沒有把握。

寶掌禪師發願活一千歲，發願是一回事，他自己能夠使得壽命延長，他活了一千零七十歲，大概一千七十三。在中國活了四百多歲，在印度活了六百三十多歲。這是他讓自己住世就住世，住世還得有個身體健康，那不是由我們自己意願。一切能夠自在，生死自在、業自在，業怎麼自在呢？光作善業不作惡業，他能自在。不受業力轉動，沒有外來的干擾。他的修行，恆常的有力量，住不退了，永遠精進。

以上略微解釋涵義，經文上沒有解釋這些菩薩名、世界名、佛國名。十住當中，初住二住三住四住，後後勝於前前，一位一位進修。來的這些菩薩都是表住法的，他本身是大菩薩，表現是住法，十住菩薩。都是約所修的法，來成就他的名，是這樣來配的。

◎偈讚分

爾時法慧菩薩。承佛威力。普觀十方。而說頌曰。

這個法會是以法慧菩薩爲主的。一切大菩薩說法的時候，都加「承佛威力」，所以法慧菩薩承佛的威力，觀察十方法會來的大眾。

佛放淨光明　普見世導師
須彌山王頂　妙勝殿中住

總說一切佛法，都在勝進當中，令一切菩薩以佛法心轉增廣增勝，觀察佛的現前所有的妙用，說佛的往世所修，皆周徧故。因爲佛的光徧照十方世界，法慧菩薩讚頌佛的光，是光召的，佛只是放光。

一切釋天王　請佛入宮殿

悉以十妙頌　稱讚諸如來

這是述說前面的。法慧菩薩雖然才來，前會的事他都知道，大家說頌讚佛，所以他說「悉以十妙頌，稱讚諸如來」，前面有很多的頌稱讚諸如來。

彼諸大會中　所有菩薩眾
皆從十方至　化座而安坐
彼會諸菩薩　皆同我等名
所從諸世界　名字亦如是
本國諸世尊　名號悉亦同
各於其佛所　淨修無上行

這是法慧菩薩的言語，說所有來參加會的菩薩，哪裡來的？

「皆從十方至，化座而安坐。」從十方無量世界來的，沒有安排座位，不像我們來聽經的，給他擺個聽經的小桌子，不要！他們自己帶來的，神通帶來的，化座而安坐，自己化現座。

「彼會諸菩薩，皆同我等名。」現在來這大會當中的，同名，「皆同我等名」，跟我們都相等，都是菩薩，這是名同。二者，像十慧菩薩都是慧，同名。

「所從諸世界，名字亦如是，本國諸世尊，名號悉亦同。」來的菩薩，他那國土名號同，世尊的名號也同。

「各於其佛所，淨修無上行。」他們的修行是無上的，「無上」的意思不是住位了，而是顯他的本修。

佛子汝應觀　如來自在力
一切閻浮提　皆言佛在中
我等今見佛　住於須彌頂
十方悉亦然　如來自在力

這是勸與會的大眾，勸觀佛智力，更發勝心。這個觀不是拿眼睛看，觀是心裡思惟修，用三昧力觀，觀是三昧。觀佛的神通自在妙用。體呢？用即是體。這些大菩薩從本發心的時候，跟佛無二無別。我們現在發心，我們的心跟佛無二無別，但是沒有力用，因為我們沒證得體。十方來的大菩薩，他們都證得的了。所以他見佛，住於須彌山頂，十方都是這樣子。這是如來自在力，觀佛的力量，讓你發殊勝心，達到成佛。

前面剛開始講，佛是自在力，自在的神力，沒離開菩提樹、沒離開菩提場而升到忉利天。現在是沒離開菩提場而住於須彌頂。所有一切世界，就是現在所觀的須彌頂，乃至閻浮提須彌頂，大家來觀一觀如來的自在神力。在一切閻浮提須彌山頂，「皆言佛在中」，諸佛都在須彌頂當中。

「我等今見佛，住於須彌頂」，現在我們同見到佛了，就在須彌頂上住。不止此世界，「十方悉亦然」。十方的須彌頂，無量的娑婆世界。「如來自在力」，這是如來自在的神力。往後也如是，七處九會都如是。佛在須彌頂說完法了，沒離開須彌頂、沒離開菩提樹而升到夜摩天說十行、十迴向。

不離（起）一處而升一切處，都如是。現在因爲說到須彌頂，就單取十方須彌頂，其實十方一切處，佛都在現，不離一處而升一切處。這僅僅說閻浮提，須彌頂如是，其他的一切處都如是。「我等今見佛，住於須彌頂」，現在我們看見住在須彌頂。「十方悉亦然，如來自在力」，十方世界須彌頂，佛都徧一切處。

這個道理我們經常講，我們道友不曉得用心沒有？我跟大家用現實的情況講，你現在想到上海，想到北京，想到哈爾濱，想到瀋陽，想到吉林，你這一作意全處都現。特別是媽媽想兒子，想女兒，你在作意，他也作意，兩個作意想通了，你也許夜間就夢到了，這事常有的，我們是有業的，我用這個來形容。佛的神力，就像太陽似的，像月亮似的，光收一切，叫心心相應。爲什麼能心心相應呢？因爲每個人都具足佛性，我們講〈大乘起信論〉，說了無數遍，叫心心相應，這就是神力。他沒障礙了，我們有障礙，就是因爲我們的業。菩薩沒有業了，他沒有障礙了，到十住菩薩，他這個業消了。

一一世界中　發心求佛道
依於如是願　修習菩提行

所有世界中的眾生，發心想求佛道，發心想求成佛。我們三寶弟子，乃至初信佛的人，都想求佛道，但是最初發心不同。怎麼不同呢？因爲災難，因爲欣樂，看見廟上還好，這個欣樂心還清淨，想斷自己不高興的事，在佛教的術語就是煩惱。心裡不安定，發煩發躁。中國現在自殺的數字很高，國家開始重視，爲什麼自殺？因爲病的苦惱、憂鬱、思想不通，煩惱趨使的。如果都發心求佛道，佛教是光明的，是斷煩惱的。信佛的人有沒有自殺的？有，數字不大。有跳樓自殺的，跳水自殺的。很多老和尚平日修行很有名的，跳放生池，那叫法難。

我的一位道友，在香港，徒子徒孫很多了，他跳樓自殺了。他得一種癌症，我讓他念《地藏經》，他念念不耐煩，生起魔障。讓我替他念，我替他念了，效果也不大。等我回到美國，隔了半年，他跳樓自殺了。他得的是癌症，他說：「與其這樣苦，不如死了解決！」我跟他講：「你死死不了，這樣害癌症死了，來生你還害癌症，生生世世害癌症。」他說：「那怎麼辦？」我說：「你把癌症消失了，不要治療，求佛菩薩加持，如來有自在神力，你發願，要眞行。」

修行爲什麼加個「眞」字呢？因爲大家修行都不是眞修行，我加個「眞」字，要眞修行。怎麼講呢？這個眞，要稱你的眞心，先信你的心是佛。你用這個心來修行，用佛心來修行，念念都成佛，才能克服現前的煩惱，這叫障道，煩惱障。所知障，那個障還達不到，煩惱障就消除不了，煩惱無窮無盡的。這樣發心求佛道，你要發心必定得發願，發了願自己按自己的願，促使自己去作，光發心不發願，那個發心不能堅定，得發願促使，願還不行，還得加誓，經常發誓，督促我這個願一定能達到。

發心求佛道就是願，發了心願成佛，願消災免難，願離苦得樂，不貪世間的小小快樂，不求人間的幸福，要發菩提心。不要念這部經念那部經，經上都有說，未來你會得到多少多少幸福。千萬不要求幸福，因爲幸福是相對的，幸福就對著災害，你光享幸福，災禍跟幸福是一對的，有幸福就有災禍，光求幸福，你發願什麼呢？不求幸福，求成佛，要一般的幸福幹什麼呢？

「一一世界中，發心求佛道。」一一世界中，勸人人都求佛道。佛道就是覺道，覺道就是明白，要走明白的道路。光明不是黑暗，光明大道。如果糊裡糊塗的，不發菩提心，你走的是迷的道路，不是悟的道路，黑暗道路，你就去摸索，不是光明的道路。

求佛道是求的覺道，要自己覺悟，明白到什麼程度呢？跟佛一樣的。這叫大智慧，要發這種願。光發心不行，發心得要去作，要去作了，得有個願力去督促他。願力不深的，進進退退，進進退退。光往前進，不往後退。說來很容易，我們的道友如果告假想回家，人家不准你，煩惱的要死！有道友最近跟我說：「我要回家！」我說：「我不知道，去找常住。」讓我給說情，辦不到，我不會說這個情。這是往煩惱裡走，人人好像都很愉快！往覺道上走，他就不自在了，他就顚倒！顚倒眾生，顚倒眾生，我就如是。因爲我是這樣子，我想你們比我高不到好多，爲什麼？我出家七十多年了，你也沒經過什麼苦難，比我都幸福，但是這個幸福也不見得是幸福，我這個苦難也不見得是苦難，看你怎麼想。要想發心求佛道，必須依於大願力，你得有大願力才行，這樣來修習菩提行。

「依於如是願，修習菩提行。」修，講通俗一點，修理修理，你看那個花，你不把它的枝葉修理修理，你擱到那裡就不好看，你把它修理修理，擱到瓶裡就好看了，這叫修行。怎麼修理？把自己的毛病修理修理，我說這個不是半月一剃頭，一月一洗澡，不是那個修理。修理你的心，人家看不見的東西。人看見了，人家要修理你。如果你違了規矩，知客師、糾察師，還有同參道友，都要修理你，那個修理沒用的，怎麼樣修理才有用呢？以自己的心修理你的身！同學認爲這還不容易，就是這樣不容易，你別看錯了。明明知道是錯，自己原諒自己，不修理自己，修理得下苦功夫。我說的不是境，一般發意的菩薩，他是修理境，不修理他的心，我說這個是要修心，修理你的心，十住菩薩就是修理的心。他已經能示現成佛了，離佛道還遠，還差四十多個位置，得一位一位前進。

願，就是自己督促自己，要修，我把它講成修理修理，就是把你毛病去一去。把菩提道成了習慣，覺道嗎？習，淨習覺，覺悟，覺悟不是一下子開了悟了叫覺悟，你一天所行、所作的，自己明白，哪個是錯誤的，哪個是正確的，這不是境，是心。你心裡想的是錯誤的，修理它一下，外人不知道，誰也不知道，諸佛菩薩知道。當你修理的時候，諸佛菩薩會幫助你修理這個心，叫他不離開覺！修習的目的，就是不離開覺。一昏暗了，一不光明了，修理修理它，讓它再迴向光明。這個意思該懂，懂是懂，作起來可難。就因爲不覺才迷的，越迷越深，越走越遠。

前幾個月有位道友，她信佛了，她問我說：「我離婚了，是不是覺？」我問說：「離婚了，妳覺什麼覺？」她答說：「我離開家庭了，沒有男女觀念了。」我說：「恐怕還早，妳這是不覺。」她問：「爲什麼？」

我答說：「妳討厭妳先生，看不上他了，感覺他比別人差，人家當董事長的，當經理的，他奮鬥好多年也發不了財，家庭也不富裕不了。」我又說：「妳是從這個理念上說，或者因爲他另找別的女人了，妳氣不過，妳哪是覺，妳更迷。」她說：「還有這個事！」我答說：「就有這個事。」她問說：「我怎麼才算覺？」我答說：

「妳把他度了學佛道，跟妳同修行，這才是覺，度眾生行菩薩道！」我又說：「妳連妳丈夫都度不了，妳跟他打離婚了，還算是覺？」我最後說：「更迷了，越迷越深了。」

一切事物自己想，好像很對，其實是錯誤的，以盲引眾盲，相牽入火坑。不從覺悟上走，你就走到迷路上，那跟菩提路，恰恰相反。

佛以種種身　遊行徧世間

當佛現身行逆行的時候，你並不知道他是佛，那要知道就好了。他爲什麼不現佛身呢？爲什麼還現種種身呢？他現佛身，你也不見得信，你信的時候，不見得眞正誠懇。佛在世時，見了佛很恭敬，但不見得聽他的話，一切法就如是。大菩薩度眾生，不現相而現，這個不現相而現，現的是逆行，逆行不順著佛道。你看著寒山、拾得、豐干比丘，天臺山的三聖，你知道他是阿彌陀佛化身嗎？知道他是文殊、普賢嗎？不知道。他在人類當中示現這樣一個榜樣，你能知道他是聖人嗎？你學他行不行呢？不行，爲什麼不行呢？你還沒有到大用自在，你不能去學他。

看〈高僧傳〉、看〈神尼傳〉，是看他們怎麼樣行菩薩道！他們利益眾生的時候，是行菩薩道，有些我們不能效仿，因爲我們還沒有證到他那個位置。他可以現逆行，像中國的道濟禪師，或者在西藏的喇嘛，有些是示現的。

西藏有位瘋子喇嘛，人稱他爲神僧。一天盡到賭場去賭博，一天都在喝酒，誰知道他是聖人！也有人知道他是聖人，信他。他有位弟子說：「師父，我現在太苦惱了，沒辦法再活下去了，你送我到極樂世界去！」

那個瘋子喇嘛說：「好！我送你去。」在西藏就彈三下指，彈三下指，他死了。在酒館，他就死到那裡！酒館能不給他家裡送信嗎？他家裡來了那麼多眷屬，把瘋子喇嘛抓住！「今天不讓他活出來，我們把你整死。」

瘋子喇嘛搖搖頭，沒辦法，因緣！一彈指他又活了。活了，他就跟他家裡六親眷屬鬧得不得了，他說：「師父把我送那個地方可好了，你們又把我拉回來，我跟你們沒完！」怎麼辦？去當喇嘛，他家裡的六親眷屬沒辦法了。

瘋子喇嘛在西藏示現很多的故事，一天在酒館、在賭場跟賭鬼在一塊，他是度那些人。我們看他是墮落了，這個是我們作不到的，我們不敢那麼作，我們也沒有那個本事。他能送人家到極樂世界，自己不能去嗎？他們不叫極樂世界，西藏叫香巴拉，是人間淨土。這個世界有很多不可思議的，我們去不到的地方。這就是佛以種種身，在世間遊行，偏世間。

現在，我在這兒給大家講《華嚴經》，當然你們看我是法師。當我在監獄裡，那些解放軍、管理人員，他們看我是什麼？不恥於人類的狗屎堆，這兩者怎麼比？那時候現那個相，不是現的，讓你作，你就得去作。現在這個時候現這麼個相，也是業不由己，人家讓你這樣作，大家要求你這樣作，你就得這樣作。一個人從發心到現在，你現了種種相，我們不說聖人，就是我們這些凡夫。你們在家，有些是小姐，有些是姑娘，現在是比丘尼，懂得佛法的、不懂得佛法的，絕不敢找你交朋友，他到這兒來找你交朋友，辦得到嗎？他敢這樣想嗎？根本沒有這個想法。爲什麼？一定的形相必定具足一定的理，這叫事與理成。

佛現種種身，不是佛隨便想現這個身，是眾生的意願，是他的因緣。他爲什麼這樣現呢？對那些眾生得利益，得好處，寧可犧牲自己。那還能行道嗎？他也在行道。剛才上座的時候我跟大家講，大菩薩是修心的，不是修身的。你想修行，一切從心地修，叫心地法門。在心上下功夫，不要在境上下功夫，境上下功夫作了很多，沒有用處，效果很小。在心上，所以心生種種法生，心滅種種法滅。染和淨，懈怠和精進，修行與不修行，出家與還俗，你怎麼對待還俗的比丘、比丘尼，你怎麼看他們？你看他們怎麼作的？還了俗了作些什麼？

這裡有菩薩，不是說罷道還俗都是墮落的，不要這樣看法。有些菩薩，他感覺我作和尚、作比丘尼師父度人不方便，還俗了。還俗之後，他比當和尚還嚴謹，不犯淫怒癡，不犯殺盜淫妄酒。他換個身形接觸很多人，度很多人信佛。我們肉眼凡夫不認得，說這個人墮落了，他是修菩薩道去了，成就大菩薩。當自己沒有智慧的時候，對任何事、任何人，不要下結論。因爲你自己看的很近，明白的又很少，先把自己修理清楚再說，自己還沒修理清楚，盡是評論別人！

我經常遇見這個事，我說：「先把自己修理好，你把佛經打開就像鏡子一樣的，先照照自己，之後再說別人。」你還沒有資格評論別人，你不了解是怎麼回事，你評論人家幹什麼。你曉得哪個是菩薩？哪個是化身菩薩？但是心裡把人家都當菩薩看，看看自己是業障鬼，你才有進步，感覺自己不如人，這才是行菩薩道的最基本點。你知道哪個是佛現身哪，佛有那麼樣多的諸佛，他都現在人間。佛法在世間不離世間覺，就是一個字，「覺」。佛法是覺悟的方法，他就在世間。這個覺悟的方法，讓一切世間眾生都能去學習、去覺悟，佛是這樣現身的。

中國有句俗話，「眞人不現相，現相非眞人」，裝模作樣的，頭髮很長的，頭髮全白了的，拿個拂塵，或者拿個方便鏟，現在你們見不到了！我出家時，前十幾年還見得到，拿個方便鏟，拿個金箍箍在頭髮上，頭髮很長，穿一件衲衣。衲衣，現在還看見有人穿，其他的都沒有了。虛雲老和尚留長頭髮，一年剃一回。

莫要拿自己比別人，不是不比修行的人，你也不要比不修行的人，你看見人家是墮落，人家看見你比他更墮落。爲什麼？我們有很多是裝的，裝的都是假相。觀照觀照自己，你本來不願意這樣作，但沒辦法，也裝的跟人家一樣。你們觀照自己，這裡頭有沒有裝模作樣的，裝的跟人家一樣，心裡不是那麼回事。讓自己要自由一點，離開大廟，住小廟，他就自由了，在這裡得裝，不裝不行。假，不是眞實的。

隨心所欲，那你先把心改造好，修理好好的，再隨心所想，不會犯規矩了。

隨心所欲而不逾矩，不會犯戒，不會犯錯誤的，心裡想怎麼作就怎麼作，作的時候如法如律，跟戒律合跟法合，這是自然的。這叫覺悟，修道成了。沒有成就，裝起是個修道者，爲什麼要裝？趕緣法。你不修，不是眞實的。你眞相，拖拖拉拉的，人家就不供養你。分別心，供養好的，誰供養一個壞和尚、一個壞尼姑？這是絕對錯誤的。我跟很多道友講，平等心！你把他看成了都是好的，你的功德不會失掉的。

你看別人都是佛，是因爲你有個佛心，你看著這個下地獄，那個下地獄，因爲你的地獄心太多了，你才看見別人是地獄心，這個非常有重要。講到佛現種種身，佛現種種身是度種種眾生的，他現種種身幹什麼呢？他遊行在世間上，你不會認識的。釋迦牟尼佛，成佛也好，沒成佛也好，他從來沒離開娑婆世界，只是你不認識了。

法界無所礙　無能測量者

「法界」是說你的心，沒障礙的。從界而生起一切法，從你的心，所有一切境界相，你所看見一切境界相，跟他所看見境界相，不一樣的，無始劫來的習氣。

我以前在北京當小和尚的時候，讀了佛學院，畢了業，住在北京白塔底下的正覺殿，現在不准人住了，我住在那裡，還有一位喇嘛。我之所以上西藏去，是那個喇嘛跟我在那兒共住，也是活佛了。

在那接觸了很多人，他逛公園走到那裡，「這裡還有和尚、喇嘛！進去看看！」跟你聊聊天，問你一些事。如果你的心什麼界限都沒有，自在無礙，你會接觸很多人。也有見了僧人恭敬的，也有見了你挖苦的，瞧不起你，說在世界上哪行不好幹，在北京打掃清潔、掏大糞，也比你在這兒當和尚強。他管我們叫寄生蟲。這些人大多數都是學者，特別是北大、清華、燕京，我接觸他們很多人，我跟他們辯論。這叫什麼呢？你心裡有罣礙，什麼都是障礙，看見人家跟我不同行，跟我想法不一樣，那就是壞人，對人家就要說三道四的。其實你不如人，人家還比你高。

像那些教授，他認爲我是很無知的，十幾歲就出家你知道什麼，但是我們倆辯論起來，我敢肯定他必定輸，爲什麼？他是依著世間相來論，我們和尚不管學到好多，依著佛法而論的。

他沒那本事，佛法，他懂得嗎？法界義就是這個涵義。界生起一切法，一切就是唯心。「心生則種種法生」，無論你好大本事，超過不出心，也沒有佛所說這些法。佛是覺悟的人，他說的是覺悟的法，你是個迷人怎麼說，你那道路是在迷的道路上，怎麼說也出不去，相信嗎？

所以出家師父們，乃至於比丘比丘尼、優婆塞優婆夷，你學的是佛法，這兩個字學通了，你就無礙。法界，心生種種法，一切都回歸於心，法就是境界相，境界相由心變的，心生種種法生。我們講這些光明，都是心哪！他覺到極點了，一切無障礙。我們不覺才有障礙。一個覺跟一個不覺，如果辯論的話，你就知道他準輸，因爲他不覺。如果他覺的比你還高，那你準輸。或者兩覺成一覺，他的覺跟你的覺，大概一覺就差不多了。

我們現在是凡夫，沒有斷惑，說能與佛齊等，跟佛學的，學佛經學的，他能說的跟佛說的一樣，行起來，斷煩惱、證菩提，那就不一樣的了。說得，不是行得，不是證得，光會說那不行。

我跟道友們說，你要給人家說你先得去作，作了所得到的，是證得的，不是說得的，說得到的是學得的。當你老年的時候，耳朵聾了，眼睛看不見了，腦殼不靈了，想說說不出來了，他不轉了。你說一句話腦殼盡轉，腦子在裡盡轉。到那個時候他不動了，爲什麼？老糊塗了。之後還有一種病，老人癡呆症。爲什麼？用腦子太多了。但是你學佛的時候，可不是用這個腦子，用你的心。心，多少你得知道點眞心的味道，知道味道可不是吃到了。還有一種加持力，所以才能夠無障礙。

心識生一切法，不隨境轉，無障礙。心若執著境，有障礙了，所以心能轉境即同如來。所以我勸大家要修心，不要在外邊境界相，這也執著、那也執著，永遠通不了的。要心通，心通則一切法就都通了。

大家看禪宗的二千七百則公案，語錄上說的很多，都開了悟了，悟到什麼程度？不像禪宗所說的，一悟大徹大悟。我看還沒有，因爲佛沒有授記，釋迦牟尼佛授記將來接佛的位置，只有彌勒佛。不是說開悟就成佛了，我看沒有初住菩薩的位置，大家聽了《華嚴經》，看看初住菩薩多大的神通妙用，那是眞正開悟了，還是相似，看看登地菩薩、登到歡喜地的菩薩是什麼樣的。但是有些祖師是菩薩再來，我們不認得而已。

有這麼個公案，密雲祖師是八地菩薩再來的！他有個徒弟叫皓月，沒有說他是怎麼來的，但是也不是普通一般人，起碼是信住位菩薩。有一天在山上，自己修道的時候，他自己不服氣，有點怨恨態度。自己就喊：「皓月當空照」，月亮當空照，天下都是我的信徒。「可恨密雲遮」，皓月當空照，人家密雲給他擋住了。他叫皓月，他的師父叫密雲，人家拜見求見還是求密雲，也沒誰求皓月。所以他不服，站在山頂上吼。這一吼護法來了，他也不是普通人，不過還有見思煩惱。護法神馬上現身了，他說：「皓月，你知道你師父是什麼現身嗎？你師父是八地菩薩轉世，登到不動地。」這比我們講的十住菩薩高得多了，還差四十個等級，八地菩薩是再來的，誰能知道密雲是八地菩薩？

杜順和尚在西安度眾生，他十五歲代表哥哥打仗，因爲他哥哥害病，就替他哥哥指揮六軍，不敵而勝，敵人都投降了。一夜之間十萬軍人的襯衣他都給收來洗了，洗之後又乾了，折疊好擺到床上。這個神通一般人有嗎？所以他才是文殊菩薩化身，誰又能認得呢？

過去我們有兩句話，「眞人不現相，現相非眞人」，眞人不會作起很了不起的樣子，眞人會隱沒的。就像我們這樣的不是眞人，把自己吹噓的不得了，大菩薩不會說自己怎麼樣的。懂得這個道理就好了，這樣才叫法界無所礙。

講法界無礙，你得懂得這個道理，什麼樣才無礙？我們是世界處處礙，人家不是法界，在這世界上，處處都是障礙，一會眼睛不行了，耳朵不行了，腦子不行了，一會肚子痛了，發高燒了，毛病多的很，這只是說身體上的。心裡的障礙，大家都知道，我不要說了，每個人的心障礙很多。不是你想什麼就作到什麼，就達到目的，不可能的。因爲你的心還沒通，沒通就有障礙，通了就沒障礙了。身體也是這樣子，說身體六根都通了，通則無痛，沒有痛苦。不通才痛，哪個地方不通了，長個癤子了，長個疱了，他不通，本來他是順暢的，當你有病的時候，這個地方不通了。爲什麼不通？有障礙了。你給他通通，怎麼通？用佛說的來通，佛告訴我們怎麼樣去觀，觀就通了，這叫法界無障礙。只講這麼一句話了，若講起來，可以把諸部經論都講到法界無障礙，但是你得說的讓人信，不信就是有障礙了。

慧光恆普照　世闇悉除滅
一切無等倫　云何可測知

觀佛的神力。佛在三世間度眾生的時候，徧一切處，徧一切國土，但是得有緣者，無緣者莫見。佛的智慧光明，普照一切處，一切時都在普照，把世間的黑暗都把它除滅了。一切無有如佛者，這是形容著讚歎觀佛的力量，發殊勝心。這一個偈頌是法慧菩薩，十慧菩薩表十法，表十住，講菩薩的因地，顯示佛果的聖德。在因中所有一切行，所有一切願，這些願、這些行都是因，感到佛的智慧是果。在因中感果，感到成就的佛果德，這是法慧菩薩，代表佛所說的十住的初住。法慧菩薩是十慧菩薩的主，初住是初發菩提心。這講菩提心，菩提心是講因中的行願，因中的行願感佛身的果德。

爾時一切慧菩薩。承佛威力。普觀十方。而說頌言。

假使百千劫　常見於如來
不依真實義　而觀救世者
是人取諸相　增長癡惑網
繫縛生死獄　盲冥不見佛

前面法慧菩薩是從東方來的菩薩，現在一切慧菩薩是從南方來的。佛光的感召，承佛的威力來到帝釋天參加這個法會。他也是普觀十方來說頌，這個頌是讚歎佛的偈頌。怎麼樣見佛？怎麼樣觀佛？在十住的治地住，「假使百千劫，常見於如來」，很長的時間沒離開佛，常見佛，百千劫就時間很長了。雖然經過很長的時間，而且沒斷的見佛聞法，但是，「不依眞實義，而觀救世者」，你見佛是見佛了，不認得佛，說不認識者，就是你不依眞實義的觀想佛。眞實義是什麼呢？佛利益眾生無眾生相。大家讀《金剛經》，無我相、無人相、無眾生相、無壽者相，這叫眞實義。不是依這種道理觀佛，「而觀救世者」，「救世者」是指佛說，救世者是佛。不依眞實義來觀佛，雖然經過時間很長，長時見佛也不認識佛，也沒得到佛的眞實義。

為什麼？「是人取諸相，增長癡惑網」，在相上取，不在性上取。十住菩薩相信自己在十信位當中，相信自己是佛。這時候再發菩提心，發菩提心的意思就是要想成佛，發菩提心就行菩提道，就達到成佛的佛果。若跟這個相反，不依眞實義，以相取佛、以音聲求佛，這叫「世人行邪道，不能見如來」。為什麼？「是人取諸相，增長癡惑網」，增長愚癡、增長迷惑。要想求出離，不可能。

「繫縛生死獄，盲冥不見佛」。違背眞實理、違背性體，見佛是不見佛。如果你達到如實理，不見佛而見佛。見佛的性體，應當了解一切法的眞實性，了解一切法的眞實性是眞見佛。

觀察於諸法　自性無所有
如其生滅相　但是假名說

一切法無生　一切法無滅
若能如是解　諸佛常現前
法性本空寂　無取亦無見
性空即是佛　不可得思量
若知一切法　體性皆如是
斯人則不為　煩惱所染著

我們經常說斷煩惱，怎麼斷呢？你得觀察一切法，觀察一切法的體性無所有。根本沒什麼煩惱，煩惱都是生滅相，是假設的名言，「但是假名說」。一切法無生無滅，說一切法無生，一切法無滅，一切法的性，沒有生滅。一切法的相，你是觀相，相有生滅，有了生滅就有生死流轉，有痛苦了。應當理解了，悟得了，乃至行的證得，一切法無生無滅。能夠這樣理解，佛常現前。

佛常現前，你的心就是佛。心外無法，心外既無法，心外也無佛。若能這樣理解，悟得佛性、悟得體了，在這個悟得體之後的住位菩薩，就叫治地住，沒有什麼生滅相，沒有佛，也沒有什麼眾生分別，在法性的理體，本來是寂靜的，本來是空的。也沒有能取，也沒有所取，也沒有能見，也沒有所見。凡有取、有見，是虛妄不實的。悟得體性空，「性空即是佛，不可得思量」。

若能這樣觀一切法，知一切法，一切諸法的體性都如是。若能這樣觀，煩惱就不能染著，沒有煩惱可說。

這一共是四個偈頌。一個是修眞觀，一個是修空觀，一個是隨順世俗說假觀，就是空假中三觀。他解釋一切諸法是因緣所生的，因緣所生法，我說即是空，因爲無自性故。隨著世俗，亦名爲假名，亦名爲中道。隨順世俗建立一切假名相，不要認假爲眞。

我們經常說認賊作父，認假爲眞。因爲生滅一切諸法，沒有體性的。一切諸法的體，是不生不滅的。所以法性本空寂了，無取亦無見，這才能把心清淨了。要知道這是住位菩薩，第二住，治地住，性體空的，那個空可不是頑空，空是在一切法上不起計度，不起思念，觀照一切法，觀他的自性，觀法的體性，即是佛。這個不是用你現在的煩惱心去測量的，思量不出來，要這樣了解一切法，見一切法，知道這些法都是假相。

見一切法就是知道法的體性，觀一切法，觀他的體性，那就斷煩惱證菩提，體性是什麼呢？就是菩提。這樣子，煩惱不斷而自斷，爲什麼？根本沒有煩惱，沒有煩惱所染著。觀你現前的生活當中，現實的生活當中，這一切法是無常的，是變化的，是無我的，達到空義，是空的。就像現前生活當中一切法，是有？是無？這是現實生活當中的現實諸法存在，不空，你在這一切法不起貪戀、不起執著，知道這個形相是無常的，幻化的，如夢的，如影像的，你這樣的來觀，這叫觀法的本體。佛的體是常的，你觀佛的相是空的。觀佛如是，觀一切眾生都如是，體是不生滅的，相是生滅的。

以前跟大家講相信自己的心，相信心是佛。因爲有那個信心，才能夠發菩提心，才能入得初住位，信滿心了，產生決定信了，入了住就治你的心，第二住叫治地住。「一切法故非無，即無性故非有。」但是你現前生滅之法，都是沒有體性的。現前生滅法，一切沒有體性的，他有非有，無性故。一切諸法無自性，現在沒有顯現，所以說他非有，不是有。一切法就是空的，但是現在他有現實，現實是假的，這是假名。是空？是有？是假名？是眞實義？觀諸法無性就說空，空故就非有，非有就顯空，但是現在生活當中得說他相即義，空顯有，有是表空的。

我們觀我們的體，體是眞實的，現在我們有，這個身體是假有，不是眞實的，眞實的就不生滅了，我們死了又生，生了又死，就是沒有眞實義。人死了，人死沒有了，沒有是空嗎？不是的，非空。活著的時候，是有，眞有嗎？非有。

我們一生當中學習，就是在空和有，有和空，就是觀照般若的時候。怎麼認識一切相？怎麼認識一切法？要知道一切法非空非有，之後還得加一句，即空即有。非空非有，即空即有，這才叫中道義，這叫般若義。因爲緣生一切法，緣生一切法，生起是有，緣生諸法無自性，沒有自性故，所以說空。這個意思反覆來說，也反覆如是觀，要依他的不生滅義，緣生無自性，所以空。空義緣起而建立一切世間法，這叫有。

《金剛經》說，無我相、無眾生相、無壽者相，我、人、眾生、壽者四相，隨緣而建立生住異滅四相。觀他的性體，無有這些假相。體和用，相跟空，結合了。空徧於事，事能成就空，這是相即義。「事（法）本無生因境有」，一切事一切法無生，因爲境界緣生，所以有一切相；雖然有一切相，是幻化的，這叫無生。讓我們觀無生法忍，就是忍可無生的道理，你那心裡明了了，若證得了，你在死生煩惱無障礙了，一切無障礙了。

在生活當中遇見一切事，知道這一切事，虛幻不實的。虛幻不實的，你執著他幹什麼？這樣才能看破、放下。理本無生圓成實，這是圓成實性，諸法本不生。

我們現在依著這個就是觀，觀就是思惟修，就是想，不是能就是所，所觀諸物，心裡起的諸念，把他同歸於寂靜，把能所全泯掉，這就是法性本空。不是你觀他使他空，而是諸法本來就空的，現在你能夠認取空義，知道一切法無所取，認取這個理，心寂。心寂了，心定下來了，一切法自然就定下來了。心亡了，妄心死了，境也寂了，這叫「心亡境寂兩俱空」，修道就成功了。

一切法有是假，一切法空不是頑空，要對假說空，對假說眞，兩個都沒有。形奪雙亡，要這樣來理解，有時雙非、雙立，無非是顯我們的心能夠寂靜下來，外邊境也就寂靜下來了。心攀緣，攀緣外邊一切緣，緣建立一切法，一切諸法無自性，這樣反覆的思惟、反覆的觀照。

我們說放下！看破！所謂看破者，看到一切事相沒有眞實的，虛妄的。能觀的觀，這個觀也不是眞實的，是妄心觀妄境，所以能達到寂靜。

我們有時候靜坐，摒除一切諸緣，關上門。修觀的時候，心無所思，外無一切諸緣，內也沒有能觀的心，你漸漸就能生起一種智慧，這個智慧使一切境界相都被你所轉了，境寂靜下來了，沒有境可觀。之後再返照，也沒有能觀之心，就是妄心頓歇，歇了外面的境也沒有了，「心亡境寂兩俱空」，兩個都是空的。

在這個時候，再觀你的眞性，眞性是什麼樣子呢？不是男女，不是有無，也不是空有，不是因緣，直觀自性，我們最初講〈大乘起信論〉、講《大方廣佛華嚴經》，信自己的心跟佛無二無別，之後住、行、迴向都講怎麼無二無別，就說明這麼一句話而已。一位一位這樣顯示，乃至顯到十地滿心，十地都滿了，達到究竟覺了，那才究竟成就如來，這是告訴你，「心冥性佛，故止絕思求」，「心冥」，而顯出自性的佛，所以沒有思求。

我們經常說止觀，這是止。觀，歸於止，觀是動，觀是慧。止是靜，止是定，這叫眞正的三昧，止觀雙修。沒有思想的求，把這個求止息了，沒有分別的惑所生，惑是因爲思想不息，生起惑，停止了，惑就生不出來。這叫「體性皆如是」。

凡夫見諸法　但隨於相轉
不了法無相　以是不見佛

爲什麼我們見不到佛？因爲你見諸法，見了諸法就隨諸法的相而轉，轉什麼呢？轉你的心，你的心已經被諸法之相轉了。要想回歸本心，先得了解這些法無相，凡夫見諸法就隨著相所轉。隨相轉，因爲不了法無相，所以怎麼見佛？不見佛，他隨相轉，他要求相，法無相，佛就無相。

有的經論叫你觀相，念阿彌陀佛，觀阿彌陀佛，念觀世音菩薩、觀觀世音菩薩，念什麼求什麼！這是初步用功的時候。用你這個相轉一切世間相！像我們學戒定慧，學戒法、學定法，讓你超出世間，離開世間，等你再往前進，這些相也轉。

「諸惡莫作，眾善奉行」，「眾善奉行」是對著「諸惡莫作」，你眾善奉行自然就諸惡不作了，作諸善了。這些諸善也是有相的，也是諸法之相的，善也不立。我們現在求成佛道，大家讀《金剛經》，佛問須菩提，如來有阿耨多羅三藐三菩提可得嗎？無可得，就是這個涵義。

牟尼離三世　諸相悉具足
住於無所住　普徧而不動

佛是什麼呢？「佛即同法如」。所以「牟尼離三世」，沒有一切世間相，過去、現在、未來，三世都不立，都是假法。約正覺世間、有情世間，都要離的，「離三世」，約時間說，過去、現來的時。佛跟一切諸法皆如，是同的，一切諸法如才成佛，就是空一切諸法。器世間、有情世間，正覺世間，過去、現在、未來，統統是假法，「離三世」。所以，住於無所住，普徧而不動。

須菩提問佛：「云何應住？云何降伏其心？」佛告訴他無所住。住什麼？住無所住，生無所生，這樣才把心淨了，「同如體故，徧不動搖」，普徧而不動。

我觀一切法　皆悉得明了
今見於如來　決定無有疑
法慧先已說　如來真實性
我從彼了知　菩提難思議

我是證得了，證得什麼呢？「希眾無惑」。無惑就是明，證得一切明了，我觀一切法，都明了了，明了什麼？一切法沒有。說明了，我不見一切諸法才見到如來，若見到一切諸法就不能見如來。這個涵義，大家不要落入斷滅之見，像我們見佛相，讀誦大乘、染衣出家、受三壇大戒，這全是有相的。

我們在有相之中，達到無相，以相止相，用一切相止一切妄想，以善止惡，行一切善，止一切惡，到最後，惡沒有了，善也不立了。惡沒有，什麼叫善呢？也沒有叫善，一切相對法不存在。我現在對的一切法，不是悟得而是證得，「皆悉得明了」。所以，「今見於如來，決定無有疑」。

這個法不只我這樣說，「法慧先已說」，法慧已經說了，一切慧菩薩引證法慧已經說了，說什麼呢？「如來眞實性」。我從法慧說的，我也了知了，「菩提難思議」。菩提就是覺，就是覺悟的覺，他是異乎凡情的，不是以自己的心爲老師。這十尊菩薩，觀點都一樣的，東方是法慧，南方是一切慧，下面講西方，西方是勝慧。

爾時勝慧菩薩。承佛威力。普觀十方。而說頌言。

如來大智慧　希有無等倫
一切諸世間　思惟莫能及

你要求佛的勝智慧，先把妄心空掉。你那個心清淨了，才能理解佛的勝智。勝慧菩薩是證得的，他是解佛的勝智，才叫勝慧菩薩。這是顯這位大菩薩的智慧明了，以他的大智慧，了知一切如，一切法皆如，如就是寂，寂就是定，定就是三昧。如就是體，就是達到心裡的空淨，「隨空心淨」，顯這位菩薩的智慧，明了、大智無礙。

明了什麼呢？明了佛性。

凡夫妄觀察　取相不如理
佛離一切相　非彼所能見
迷惑無知者　妄取五蘊相
不了彼真性　是人不見佛

凡夫迷了，不能觀理，不觀理就取相，取這個相不合理，「取相不如理」。怎麼能見到佛呢？因爲佛是離一切相的。你取相跟離一切相，兩個是互相違背的，所以你不能見佛，那些迷惑人、沒有智慧人，「妄取五蘊相」，取色受想行識五蘊相，這都是假的。不了他們的眞實性，「不了彼眞性」，所以不能見佛，「是人不見佛」。

「心外取境，生想違理。」取外邊的境界，所以生起來的都是妄想，違背了眞理。只能見有相的相，不能見無相之佛。離一切相才能見佛。

了知一切法　自性無所有
如是解法性　則見盧舍那

三身即一身，釋迦牟尼、盧舍那、毗盧遮那，是分別說，毗盧遮那是法性身，盧舍那佛是無量劫修道的報身，釋迦牟尼是化身，三身即一身，舉盧舍那也說毗盧遮那，也說釋迦牟尼。舉釋迦牟尼也具足盧舍那、毗盧遮那。隨菩薩怎麼說，反正都是三身一也。這樣理解法性的體，「則見盧舍那」，才能見佛。

因前五蘊故　後蘊相續起
於此性了知　見佛難思議

眾生身五蘊身，色受想行識五蘊，成就你現在這個色身。捨掉這個五蘊，後五蘊又相續，這都是假相。若能在法相上、五蘊相上，了解了五蘊的性，不取相而見性，顛倒想就是見相不見性，虛妄的。若能在五蘊上，了知五蘊的性，了解一切的因，了因的佛性，這叫開悟。在一切法，認取心的自性，乃至於這個心性亦非性，把這些破除，情破理現。有情的執著，理不會現的，感性的知識不是理性的知識，有了理性的知識，消滅感性的知識，情破了，理就現前了。

現在我們用的是情，你稱了法性，才能見到盧舍那佛。知道一切法即是你心體的自性，心體的自性隨緣而建立的一切法。心性是一，諸佛、十方法界相，都是這麼一個法界性。懂得還不行，得去證得，證得了，眞能成就了，那才是沒有我相、人相、眾生相、壽者相。凡夫取我相，我、人、眾生、壽者都有，有我就有人，相對的了，我相、人相，有我相有人相，總之都是眾生相。在因的時候，有的是正因，有的是緣因。因爲我們在念念生滅當中，在生滅當中束縛，束縛自己的性體，隨著五蘊的識身所轉，你先破除而後才能夠理取、理性上的認識。

譬如闇中寶　無燈不可見
佛法無人說　雖慧莫能了
亦如目有翳　不見淨妙色
如是不淨心　不見諸佛法
又如明淨日　瞽者莫能見
無有智慧心　終不見諸佛
若能除眼翳　捨離於色想
不見於諸法　則得見如來

屋子裡有寶，黑暗你摸不著，看不見，無燈不能見，沒有光明不能見，「佛法無人說，雖慧莫能了」。這句話有些人不信，認爲佛經，一看也可以懂了，沒人解說也可以懂了。

密宗講「傳承」，以我們漢地來說，接方丈必須得接法，那叫傳法，叫法卷。你當和尚的時候，人問你法卷，哪個派的？哪個系的？雲門？法眼？他問你哪個派。

出家人，他問你跟誰出家？你師父上下怎麼稱呼？這叫「傳承」。

這四句話是你沒有傳承。好多人拿起佛經看，那種懂不是懂，似懂非懂，把字念錯了，「般（ㄅㄛ bō）若」念成「般（ㄅㄢ bān）若」。西方極樂世界阿彌陀佛，他說那找阿彌陀佛得到西方，東方找不到了。這都是執著，是世間相。佛法有些道理，得靠師父傳。你跟哪個師父學的，認知不同，同樣一句話，各作各的解釋。爲什麼這樣說呢？特別是禪宗，講到明心見性，必須得有師父導引。密宗，也講傳承。

現在我們大陸上的佛教，好像你要來求我剃頭，我高興了給你剃了，這是師父傳徒弟，不是的。傳承是怎麼的呢？我從你的門下開了悟，學法得入了。怎麼樣入了呢？就像我們剛才講的，入門跟沒入門，我們受了三歸，成了佛弟子，入了佛門，都是普偏的，只要受了三歸，才能成佛弟子。受三歸的師父，是法的入門。你最初出家，給你剃頭那個師父叫剃度師，他只是剃度你，並沒有說法，沒能引你成佛。

至於一般稱「法師」，有幾種解釋，「以法爲師」，以佛的教法，佛才是我們眞正的老師。佛若不說法，我們怎麼能入？「佛法無人說」，沒有佛傳、沒有佛說，你入不了的，「雖慧莫能了」，前人不說，後人你入不進去，這叫一代傳一代，祖祖相承。因爲裡頭有一些總的涵義，叫契機、契理。你說的法不違背佛義，這叫契理。聞法者，求法者你一給他解釋，他明白了，依教奉行去修行，他能了生死了，這叫師資相承。

每一位佛的弟子都應當以法爲師。法就是佛，你照著佛所說的法去作，佛所說的法，你直接理解不到，得經過師傳。現在我們求法很容易了，辦佛學院也好，哪個法師到哪兒去講經也好，不是弟子請法師說法。過去是請法，不是一座三四百人，而是一對一的。

不說遠了，明末清初的見月律師，他求法的那種艱難，那時候求法講經，也不是像現在這樣講。常住要請法師講經，請一年、請兩年，廣告早就貼出去了，靠什麼傳？沒電視，沒有電話，或者寫信、口傳。見月律師是雲南人，最初當老道，他從雲南趕到寶華山，要跟三昧老和尙求戒，他到了寶華山，三昧老和尙到了五臺山，他從寶華山又到了五臺山，他到了五臺山，三昧老和尙又回到南京寶華山，他又趕回寶華山。在明朝末年，到處都是戰亂。

如果大家看過〈一夢漫言〉就知道了。在清末民初中間也有這麼十年，佛法非常困難。到我們這個時候，從五零年到八零年，這三十年，你想聞到佛法很困難的。到國外，國外又跟我們中國的傳統風俗不一樣。三十多年前，到西藏求法的很多，聽的如雷貫耳，密宗能得到眞傳。感你親自到那看看，學一學才知道。

現在說法、講法，法師得發大心，這話怎麼講呢？大心，眞正的爲了自學，以法爲師。我們過去那些大德長老，相續弘法的，法不是那麼很容易，像我們現在請本經，自己看。請位法師講講，你也聽了也理解了，要依法而起行，行就是去作，作之後不出偏差，而能眞正的進入道、成道、了道，難！所謂難者就是難入，入了佛門了，入道很難。入不進去，一個是現實的自己，過去善根鮮少，不大也不多，遇著的師父不是明眼人，不高。「佛法無人說，雖慧莫能了」，你再有智慧，進不進去。

近百年來，這些大德們成道的，很少。你看〈高僧傳〉，那一個時期大德那麼多，唐代在雪峰，坐禪的五十三人，一開靜都開了悟了。大寮一個作飯的，他聽見開悟了，他把竈一丟，他說：「我也開悟了！」那就五十四個。這五十四個人以後到別處弘揚佛法。

現在，佛法有人說，說的不如法，爲什麼？人家沒開智慧，怎麼樣算效果呢！一部經講了，聽的人理解到什麼程度？我們現在也考試，那個考試跟這個考試距離太遠了。這考試他出幾道題你答上了，那考試是你了生死，能有幾個了到生死？所以說「佛法無人說」，「無人說」是沒有得道的，沒有明眼人說，你就是有智慧也證不到。

爲什麼？因爲目有翳（醫），見有毛病，這個翳是眼睛有毛病，用眼睛說你知見有毛病，「不見淨妙色」，見的都是粗色，世間相，微妙色相見不到，不能見著正因。「闇中寶」說正因的佛性，「闇中寶」是形容詞，說你自己的在昏暗、迷暗當中、惑業當中，自己有一個眞實的寶，自性。靠著說法的給你啓發，你了達了，明白了。啓發不對的路子，翳障除不了，你還是不見，「不見淨妙色」，見不到你那個清淨的、本具的法性，也就是體性了。「如是不淨心，不見諸佛法」，心裡頭惑染還沒有清淨。在〈梵行品〉講，什麼叫梵行？淨妙色。相見不到，爲什麼？沒有清淨的妙心，怎麼能見到佛的妙法！

「又如明淨日，瞽者莫能見」，像今天，大太陽，清淨的，一點雲彩都沒有，但是瞎子看不見，佛法也如是。你要想理解，斷煩惱證菩提，求解脫、得佛果，得有個清淨的心。所以入到自己的因，還得有外緣，還有說法者殊勝。說者給你啓發，殊勝，一下子就開悟了，明白了，又是明淨日，你又有清淨眼，那就見了。

「無有智慧心，終不見諸佛」，心裡不清淨，沒有智慧，見不到諸佛。你一天對著經本，無論打開哪卷經，我們現在講的〈十住品〉，十住菩薩都在，我們爲什麼不能見呢？因爲心裡有障礙，什麼障礙？煩惱障。很多煩惱給你障住了，你沒有智慧心，不能見佛。就像有眼病的，天氣再好、日光再明亮，他也見不著。如果眼病治好了，他就見著太陽。如果煩惱沒有了，智慧開解了，離開色相，不在諸法上起執著，則得見如來，不見於諸法，則得見如來。見了諸法，諸法作障礙，不能見如來。

我們是見什麼執著什麼，不但不開理解，反倒多一層障礙，什麼意思呢？盡在相上取，不能離相觀心。盡在境上執著，對境上不能轉，你的心被外邊的五蘊境界所轉了，被色聲香味觸法所轉了，內心不淨，不能見佛。相應，你的智慧不能跟佛的智慧相結合，不能跟大菩薩的智慧相結合，因為沒有智慧眼，沒有智慧。

智慧怎麼開呢？得先鍛鍊，鍛鍊在一切事物上不起貪戀。不起貪戀，也不起瞋恚、恚怒。在一切諸法上要明了，這個明了是心裡理解，不是文字，這樣子漸漸才能開悟解。過去不明白的，現在明白了，開了悟了，一部經不能全明白，某一段經文的意思你明白了，你漸漸深入，以後這一部經你都能明白了。像我們說在諸相上執著，染和淨，什麼叫染？什麼叫淨？怎麼樣開正知正見、正語、正命、正思惟、正定？正邪還分不清楚呢！拿外道當正道。為什麼？因為無知，無知就是不明。什麼是了因？什麼是緣因？好多問題鬧不清楚，必須得有智慧。智慧怎麼樣生起呢？靠你的思惟。

大家都會念《心經》，但是明白《心經》的，就不多了。因為讀《心經》而開慧的，離開文字，用你的觀照，先從文字，你會讀誦、會背了，這叫文字般若。從你觀照，就是想他的道理思惟，這是靠師的啓發，就像剛才我們念這個偈子，「佛法無人說，雖慧莫能了」，這不是一般的說。覺悟的方法，必須得覺悟的人說，「無人說」就沒有覺悟的人。佛法就是怎麼樣用方法達到覺悟，自己不明白這個方法，得有人給你啓發，這方法你怎麼樣去作？之後有智慧了，你就理解了。「雖慧莫能了」的「慧」，這個慧不是般若慧，這個慧叫了別世間的智慧，我們所說的聰明、伶俐。佛說的這個慧，得具足了無我、無人、無眾生、無一切知見的這個慧，般若慧。

般若慧怎麼產生的呢？觀。《心經》上的第一個字叫你觀，觀就是思惟，思惟就是想，你一天想什麼？經過你的思惟，經過你的理解，把一切諸法都看破了，生滅無常。無人、無我、無眾生相，看破了、放下了，才能自在。

「觀自在」是普通的名字，不止觀世音菩薩一個人，誰能觀誰都自在。放下了看破了，你自在了，不受一切煩惱束縛。在你的生命自在了、在你的思惟自在了，逆境、順境，人我是非，我相、人相、眾生相、壽者相，都能自在了。不止破世間相，能把心住在無住。心生無生，無住無生就自在。那就是不住一切境，不執著一切境，這叫自在。

你心裡有個寶，是什麼寶呢？佛性，在暗室，被你的無明、癡暗、貪瞋癡遮蓋了。「佛法無人說」，有人說，佛所教導我們的法，這就能開了智慧，開了智慧，什麼都能了了，沒有智慧什麼都不了。有了智慧，你作一切事情，都是善巧方便，都是利益眾生的。沒有智慧，你作的一切事情，到處都是障礙，就不是方便善巧，那就是束縛。佛教導我們，有了智慧再行方便道。沒有智慧的行方便，不但不方便，還倒束縛了，這就是「佛法無人說，雖慧莫能了」。

大家要從理上明白，理通了，事皆通了。理只一個，事就千差萬別。事有千差，理無二致，要明理，明理就是明心，先把心明了。心明了，眼睛就亮了，心明眼亮，你看問題就看得準確了，那個眼就是見，知見的見。

有智慧的人看，跟沒智慧的人看，絕對不一樣。怎麼不一樣呢？有智慧的，絕對不在相上取，他在性上取，取理不取事。沒智慧的人，在相上看，理不知道，他只取事相。所以定是非觀點，好與壞，這個標準你下不到的，你下的都是錯誤的。

佛法要是沒人說，你就是有智慧，那智慧是假的不是眞的，不能解決問題，特別是了生死、斷煩惱、求解脫、證菩提，那不是容易的事，那必須得眞正的智慧，不是世智辯聰，也不是一點小小聰明。

大家可以想想，下雨下雪，雪之後再經凍就是變成冰，冰化了還是水，究竟是雨是雪是冰？眾生性、佛性、法性是一個性？是好幾個性？現在我們說每個人的性情，每個人的性，這是別性。個人和個人的性情不一樣，表現也不一樣，都是成佛這個性。藉這個境，以境觀心，在你心上去體會。佛的菩提法，諸佛的菩提法，一切眾生的煩惱法，是一個是多個？在這上你若能體會，明白了。因爲寒把雨變成下的是雪，因爲熱它又把雪變成水，再冷那它就變成冰，這是相不同，濕性是一個。

我們現在所學的，就是讓我們在一切相上觀它的體性。我們說佛性，佛性是在內是在外？是內外和合叫佛性，是非內外？壞這個性叫眾生，明白這個性了叫諸佛。智慧被障礙障礙住了黑暗了，這叫惑。在諸法上，大家如是觀察。什麼使它變的？什麼使它轉的？唯是一心哪！諸法唯是一心。

一切慧先說　諸佛菩提法
我從於彼聞　得見盧舍那

一切慧菩薩在前面已經說過了。「諸佛菩提法」，他說的都是菩提法，從迷到覺就是覺悟的方法，佛者也是覺，菩提也是覺，名詞不同，意義是一個。「我從於彼聞」，我是聽見一切慧這樣說，「得見盧舍那」，得見盧舍那佛。

爾時功德慧菩薩。承佛威力。普觀十方。而說頌言。

東南西北，這是北方功德慧菩薩，這十菩薩都叫慧，功德慧、一切慧、法慧，前面加一個字不同，實際都是一個，加個「功德」，加個「一切慧」，加個「法慧」，這是分別，其實都是一個。

「生在佛家，善解佛德。」解佛的智慧，得佛的德，能了知自心。我們凡夫乃至於小乘，稱爲妄覺，有時候把凡小加到一塊，其實凡夫跟小乘還差很多，小乘人斷了見思惑，凡夫不行。但是，又有一種說法，大心的凡夫，就像我們學華嚴的，前面說十信位菩薩，大凡勝小乘，從發心說大心的凡夫，勝過小乘的聖人。從斷惑說，斷煩惱，小乘人勝過大心的凡夫，他斷了你沒斷。若從了知自心，悟得的法空，凡夫跟小乘聖人，那覺不究竟。凡夫是妄覺，菩薩是眞覺，佛是覺圓，覺悟圓滿了。

一切諸法都是緣起的，緣起諸法無自性，凡夫迷了就是迷的這個，執著諸相而在輪迴受苦。如果把這個明了了，不受苦了。當我們病苦，或者當你煩惱很苦，外頭境界壓迫你很苦，你就觀一觀。越是境界現前，出家，乃至於從你開始信三寶，目的是想免除苦難。苦難本來沒有，那你迷了，你就看一切緣起之相，所以就苦了。你在苦上觀一觀，觀它緣起的性，性起妄覺，見性就不見相。

諸法無真實　妄取真實相
是故諸凡夫　輪迴生死獄
言詞所說法　小智妄分別
是故生障礙　不了於自心

凡是語言所說的一切法，小智、沒有智慧的，他在這裡比世間聰明伶俐。人家不知道我知道，人家不會分別我會分別，互相比賽，虛妄分別無實性，虛妄分別一切諸法，根本沒有實際體性。「是故生障礙，不了於自心。」因爲不了自心，自己給自己作障礙，沒人給你作障礙。道友之間，同參之間，師生之間，如果靜心觀察，沒事找事，惹事生非。本來清淨無爲的，在那裡虛妄分別，狐疑揣測，起心動念。煩惱哪來的？自己找的，信不信由你。信了你想辦法斷它，知道是虛妄分別嗎？虛妄分別，你還分別它幹什麼呢！

這不是語言，得要行爲。比如說現在下雪路滑，說你在生死路上很容易摔下去，摔個跟頭爬起來了，剛沒有走幾步，又摔了，這叫生死路滑，不是很平穩的。誰給你生的障礙呢？自心妄分別生的障礙。因爲你不了自心，妄執境界相，外頭一切境界相，都是虛妄執著。本來就沒個是，還哪有個非，世間所有的語言，假使用心一體察，用智慧一觀照，本來就沒有是，哪來的非？

這些話採取佛教的話，社會上傳演，大家用慣了的，無是（事）生非，說你這個人本來無是生非，但是你問他什麼叫無是生非？深切的解釋，他就不知道了，學佛了就知道。沒有一個對，哪都不對，都是無明。無明還有對的嗎？都不是眞實，都是虛妄的。你還在頭上安頭，還在上面研究它對不對，沒有是怎麼生出來非？是非嗎？這就是普通的世俗語言，我們如果把世俗人家說話是分析一下子，他這個人無是生非，連你這個人也是無是生非，你要參哪。這意思再說深一點，沒有生哪有死，這不是無是生非？本來無生，你要說死、說老、說病，沒有，但是事實是這樣子嗎？沒見著眞實，把假相立爲事實，這叫「小智妄分別」。

一切世間相都是法，就是我們的心。文殊菩薩在〈淨行品〉教導我們，善用其心。沒有生哪有死，小智是對於大智說的，小智妄分別，大智就不分別了，不分別還生什麼障礙？不虛妄分別，就沒有障礙。大智是說要了達自心，空、無相、無願、無作、無生、無滅。這就是諸法眞實相，這樣來理解，沒有一切障礙了。了達自心，自心無障礙，所以一切法無障礙。

不能了自心　云何知正道
彼由顚倒慧　增長一切惡
不見諸法空　恆受生死苦
斯人未能有　清淨法眼故

這就是菩提道，這是覺道、佛道。連自己的心都了不了，都不知道，還能了到佛道嗎？就是這麼個涵義，佛道就是正道。我經常聽到人說，你不認識人！他連自己都不認識，還認識人呢！認識人得先認識自己，認識自己了就認識別人了。自己不認識自己，能認識別人嗎？認識到別人也是假的，不是眞的。你不能了自心，云何知正道？要想知正道先了自心。爲什麼他不了自心？不能知正道，因爲他有顚倒的慧，顚倒的分別。顚倒的分別，顚倒的小智，就增長一切惡，不是增長一切善。若了了自心，不起顚倒想，不虛妄打妄想。

「彼由顚倒慧」，慧是了別爲義，那個了別是顚倒的，不是正常的，所以才「增長一切惡」，也就是心外求法。因爲他「不見諸法空，恆受生死苦。」

見了諸法空，就不受生死苦。怎麼能觀到一切諸法空？這得加以學習，學習就是求佛的智慧。自己沒有這個智慧，看看佛菩薩怎麼修的，怎麼做的。照他做的樣子去作，照他說的去說，照他想的去想，你就不見諸法，只見諸法的空，不見諸法的相，空是只見諸法的性。一切諸法是必定有的，在一切諸法上，見他的空相。一個是析空，對一個事物你把它分析分析，這叫析空觀。

分析而去觀想這個分析，大根大智的人，他當體即空，一切法無自性，見它的法性，見諸法空相。諸法空相是無相，無相的法，一切法無相就叫空。但是因緣生起的，本來沒有，緣生起的，他就有了。

有雪嗎？沒有雪，但是下雪了，緣起的。空氣當中冷多熱少，本來是雨變成雪了。空性是什麼呢？見著諸法之性，空，本來是沒有的。這樣的觀，它就不受生死苦，觀生死是空的。有病的時候，遇到災害的時候，遇著磨難的時候，大家想想看，誰去受苦難？受者是誰？誰去受？苦難本身也沒有自性，是緣起的。要能了脫生死苦，就一切見著諸法空，生死就了了。

「斯人未能有，清淨法眼故。」「斯人」，若有淨法眼，不受生死苦，翻過來說，你就明白了。「斯人未能有」，未能有什麼？未能有法空的空性，法空的空性怎麼見到？得有清淨的法眼，也就是擇法眼。有時候把見就形容爲眼，眼就是見，眼能看見，你看見諸法沒有實性都是空的，這叫清淨法眼，就是擇法。有擇法眼，認得一切諸法空的道理。

這三個偈頌，總的說來不要在心外取法，不要虛妄分別，現在我們要斷分別意識，這是很難的。分別是什麼呢？就是惑。我們說斷惑證眞，斷了迷惑了，證了眞理。先斷分別心，但這可不是傻子，也不是睡大覺，迷迷糊糊的，這樣來斷分別心！我睡大覺去，什麼都沒有了，這樣不行。怎麼樣沒分別？你得入禪定，得要修觀。凡說無分別，你先得有分別，斷有分別才達到無分別。這個斷、證，必須證得了沒有分別心。諸法恆如是，觀到它的體，一切法就是這樣子。要想斷絕這個過失，要想斷苦、斷受，怎樣斷呢？要修，怎麼樣修呢？看看這些菩薩怎麼修的。

我昔受眾苦　由我不見佛
故當淨法眼　觀其所應見
若得見於佛　其心無所取
此人則能見　如佛所知法

受苦是不見佛，因爲不見佛才受眾苦。見了佛爲什麼就不受苦了？我們都在苦難哪！生、老、病、死、愛別離、怨憎會、五蘊熾盛、求不得都在苦，八苦交煎的時候你見不到佛。見了佛，八苦沒有了，這兩個是相輔相成的。我受眾苦，因爲不明白佛法，沒有修道，沒有覺悟，沒有見到諸法皆空，沒有證到那個理，受苦了。見了佛，依佛所教導，如是修，如是行，當然就不受諸苦了。怎麼辦呢？當淨法眼！

「故當淨法眼」，因爲受眾苦的緣故，要使我的見清淨，就擇法眼，觀一切法沒有，空的。觀一切法的性，性上是沒有一切諸法相，等你得到法眼，淨法眼就是空的。眼就是見，得了見一切諸法皆空，空了還不乾淨了？這個空不是把諸法消滅掉之後空的，不是那個空，我們認爲有這個東西，把這個東西燒了把它毀滅了，沒這個東西叫空的，這個不是的。在諸法的相上見到諸法的體，觀察一切諸法的生起，生起的緣起。生起的緣起都是虛妄的，它的體性是空的。不壞諸相而見到空義，見到體。

我們把一切惡人都轉變成好人，把惡人都去掉，怎麼辦呢？把他們都槍斃，那就空了？不是那樣子。讓惡人明白，別再作惡事了，等他不再作惡事，心地善良了，他把這些相轉變了，染相轉成淨相，並不是消滅他。比如這張毛巾打髒了，不要了或者燒掉了，或者你把它再洗一道，多加幾回肥皂洗了，它也清淨了！你把垢染洗掉了，它的性體是清淨的。惡人不作惡了，轉變成作好事，他就不惡了，並不是把這個人消滅掉。爲什麼受苦難？因爲沒有擇法眼，沒有正確知見，有正見就不受苦了。什麼是正見呢？觀想佛，觀想法，觀想僧，觀三寶。

「若得見於佛，其心無所取，此人則能見，如佛所知法。」見佛，「其心無所取」，意思是什麼呢？不取於佛也不取於眾生，不取於諸佛相也不取於眾生相。見佛，佛者覺也，見那個覺義。見眾生的覺，不見眾生的迷。對自己說，我怎麼能見佛？我們都是愚癡故，拜懺也好，念經也好，求見佛，這是正確的。但是不能見，修的功力還不夠，這是一種。

想見佛，你先作佛事，口裡說的是佛法，心裡想的是佛法僧三寶，意念所念的，身體的行為，佛怎麼作我學著怎麼作。身口意三業都轉變了，自然就見佛，也不要去見，你就是佛了。要想見佛得有佛的知見，把眾生的知見轉變一下，用佛的知見觀一切諸法，怎麼觀？我就像佛那樣觀，觀本身就是修行，就叫思惟修。另外不要去求，另外還見個佛，佛來給我說法，佛已經給你說法了，你每天都在見哪，另外見個什麼呢？

你打開《彌陀經》，釋迦牟尼佛告訴你，阿彌陀佛就現前了。不論打開哪個經本，佛都在給你說！眼睛見佛經，心裡想念佛經，口裡又念誦佛經，那不是見佛了嗎！你不聽佛的話，見有什麼用呢？他說的話你不去作，你見了他不起作用的。你照著他所說的話去作，這就見佛了。你打開《金剛經》，佛就在你面前給你說般若法。打開《無量壽經》，佛就給你說《無量壽經》。現在我們打開的是《華嚴經》，學的《華嚴經》，諸佛菩薩就是對你說的《華嚴經》，不是佛說的，諸大菩薩告訴你的，你也就是《華嚴經》的一份子。你學他，照著他的去作，這才是眞弟子，這叫佛之眞子。

依教奉行，我們大概都知道，經常聽到說，依教奉行，口裡依教奉行，心裡想的兩回事，身體所作的呢？沒有依教奉行。

有人問我，他問說：「我怎麼樣才能學到般若？」我反問：「你念什麼經？」他答說：「我念《金剛經》！」「《金剛經》上，佛怎麼說的？」他想了半天，他答說：「佛說的是《金剛經》！」不錯了，佛說的是《金剛經》，打開經，學《金剛經》的人，你怎麼作？怎麼想？怎麼行為？你的思想怎麼思惟？你若去作了，不就依教奉行了嗎？佛教你無我相、無人相、無眾生相，你的我執、我見特別重，盡在我相裡頭，看見別人都不對，自己了不起，這叫人相。分別我人，再看見眾生相，眾生相就複雜得很了。

看一切諸法，佛所說的一切諸法，你想見於佛，學哪部經，依著哪部經去作。天天見佛，天天見法，天天見僧，一天生活在三寶當中，想的是三寶，作的是三寶，這就能見了。見了佛也無非如是，見了佛，佛給你說的法，佛教你作，你不作，見了又有什麼用呢？你見了他，他還是讓你去修，得自己參，得自己觀，得自己行，你見了都不作，等於不見。

若得見於佛，其心無所取。你得其心無所取，才能得見佛。凡是有相，皆是虛妄，若見諸相非相，則見如來。心無所取，才能眞見佛。為什麼？你如佛所說的法去作，你就能見佛。如果沒照佛說的法去作，見也是沒見。

若見佛真法　則名大智者
斯人有淨眼　能觀察世間

「若見佛眞法」，佛法還有假的嗎？有假的。不是佛說的，假借佛說的，明明是魔說的，他說是佛說的。這個見是心見，不是眼。心跟佛，心佛相應，佛就是這樣教導我們的。心即是佛，佛就是我的心，這叫眞法。心外所求的，都是假法。這就是有智慧者，「則名大智者」。

有智慧的，用心觀，觀就是思惟修，觀就是照，觀也就是見。你能觀照的一切世法都是假的，有什麼貪戀的嗎？沒有貪戀，心不會顚倒的。見任何色，心不起念，這個色是一切法，一切有形有相的一切法，還得見一切無形無相的法。有形相的不是眞的，無形無相的也不是眞的。契合的眞理，契合眞理，那叫眞法。

眞法得有智慧，智慧是怎麼來的？修來的。因爲修才有悟，沒有修怎麼能悟呢？斷煩惱證菩提，煩惱怎麼斷？是修，是磨練的。「斯人有淨眼，能觀察世間」，佛法在世間不離世間覺，你有個清淨的知見，你觀察一下，什麼叫世間法？什麼是世間法？世間法都是無常的，世間法都是無樂的，世間法是生滅的。在世間法，心不貪戀，意不顚倒，這得要靠你有清淨的擇法眼，選擇法。世間法都是我相、人相、眾生相、壽者相，這都叫世間法。以清淨的眼觀世間，不受貪瞋癡愛染汙了。

佛法在世間不離世間覺，注重在「覺」字，覺悟的覺。怎麼樣觀察世間法？觀察世間法是無相的，無作的，不要在這裡妄起執著。這說起來很容易，做起來很難。我們看電視，看電影，或者看一些小說，你心裡知道是假的，知道是瞎編的，爲什麼在這裡生情感呢？還替人家流淚！

看著什麼心裡生分別心，生愛憎心，那個是假的，這人世間的事又有哪一件是眞的呢？過去了，你回想一下，假的。

假使你現在年齡大一點，五六十歲了，回憶三四十歲的時候！人、地、事物、時，當時那些人，你所在的地方，中間所經歷一些事，那個時候，那個處所，再回想一下，哪個地方你離開了，過十年你再回去，再看那個地方，人地事物時全變了，時間就把什麼東西都改變了。這樣才能見世間，觀察世間是這麼觀察的。

當我離開鼓山湧泉寺，五十年之後，再回鼓山湧泉寺，再看看福州法海寺。我一九三二年到南普陀寺，一九八四年到南普陀寺，二零零三年到南普陀寺，人當然換了一批，廟或者破壞又重修，有所改換，人也有所改換。人地事物時一切都變化了，變化說明什麼？無常，世間就是無常。不管好的壞的，過去就沒有了。再想追回來，回不來了，沒有了。

大華嚴寺，有碑爲證，碑上記載的。觀察觀察這世間，世間就是無常的，變化的。我們在溫州樂清縣雁蕩山，雁蕩山是個開放的大公園遊覽區。能仁寺這間廟剎了一口大鍋，沒人抬走的，因爲抬不動。廟的瓦、磚都給拉走了，文化大革命破壞的，什麼都沒有了。剩口鍋拉不動的。鍋上記載的時間，跟大華嚴寺時間是一樣的，宋元佑年間，這毀了，那也毀了，這兒沒有了，那也沒有了。天童觀宗寺、寧波玉佛寺，都是千年以上的古剎，從隋朝到現在的。

讓你這樣來認識世間，三寶弟子經常觀察廟，廟是我們的處所，就是時間、地點，那個時候的條件跟現在的條件，那時候所有的人事關係，現在當然都沒有了，現在的人事關係跟那個人事關係都沒有了，是變化的。還有什麼沒變化呢？阿育王寶塔裡頭佛的舍利，沒有變化。你這樣的觀察，觀察一切事物，觀察不要粗心，不要大意，要細心的觀察。

怎麼叫細心的觀察呢？普壽寺，我最初來五臺山，是醫務所，破破爛爛的，現在變了個廟。這個地方什麼都沒有的，人家本來要蓋賓館的，捐獻給我們的。現在蓋了座大法堂，還要修大殿，還有這麼好幾百人。那時他們幾個人吃飯都成問題，連個床鋪都沒有，問問妙音、問問如瑞，她們最初來這是什麼樣子的？現在又有了，有了必定壞，看看建築很興盛，等到拆、敗的時候，漸漸的就沒有了，它沒有了，人早都跑了，我們又不知道到了哪裡去了，要這樣來觀察世間。

我師父曾領我回到師爺，就是我師父的師父，人家給這位老和尚起個外號叫「會修」，他叫「圓福」，「上圓下福」，別人送他個外號叫「會修」。他的師爺就是我上面的六代，他師爺是慧明和尙，他是個什麼樣的和尙？叫「會拆」。不是名字叫「會拆」，而是會拆廟。怎麼個會拆法呢？他從那個後面法堂一點一點拆著賣，沒緣法，他又吃鴉片煙，煙癮一來了就賣廟，他不是從前面拆，前面拆人家看見了，他從後面拆，說他會拆。他拆一點賣一點，拆一點賣一點，賣到山門了，這才知道把廟賣之後、拆光了。

又隔三代來了叫「會修」，他一天吃飯吃一頓，只限制一個窩窩頭，窩窩頭就是內二外八，玉米作的那個，一碗湯幾個菜葉漂著，那眞叫苦修。他的徒弟，我是他第三代了，第二代師叔跟我講，說這個老和尙就是他的老師爺修來了，他回來了，他拆之後又回來修來了。這是個故事，叫「會拆」、「會修」。這叫觀察世間，隨時隨地你可以觀察世間，有形的動相，還有些不動相。不動相是什麼呢？外表看不出來，可是心裡在活動。心裡活動沒有爆發的時候，平平靜的，一爆發的時候，就是業障發現，那就不同了。

你這樣觀察世間，五十年前，五十年後，一百年後，你看看現在的世界是什麼世界。什麼世界？無常。世間相，無我、空的，空的才能再建設。一九八二年底，我領著中國佛學院的學生到五臺山。那時候通願法師住在南山寺小房子，二十幾個人擠在那個屋裡，我們這裡有兩位還參加過，自己上山撿柴火，生活非常艱苦。五臺山台懷鎭，那是騾馬市大街，我們來那個時候正趕上開騾馬大會，想上黛螺頂，沒有路。你走在騾馬群裡走，穿過去，這才十來多年前，就變化成這個樣子。

從衰敗又到興起、興盛。從你自身觀察，從十幾歲到二三十歲，為什麼想出家？出家到普壽寺住。我到普壽寺，每年來一次，住兩三個月，這人哪隨時換。從講《華嚴經》這一年，好多人走了，也有好多人來了，你這樣觀察世間，怎麼觀察？無常的。不但觀察世間的人事，觀察它的靜態，時間地點條件完全變化了，一年跟一年不同，這叫生滅法。但是生滅當中有個不生滅的在，你這個見，你看問題的看法，這個見不會變，認識這些生滅。這些事物有變的，有不變的，還不說聖境了，我們這條河，我來的時候很大的，現在乾了，那底下修了好多房子。那條水以前很大的，怎麼能住人？廣濟茅蓬也變過好多次，和尚廟變了喇嘛廟，喇嘛廟又變成和尚廟，官司打了很多，誰跟誰打？喇嘛跟和尚。

你觀察之後，得根據它的變化，你認識它，這樣來觀，無常、苦，眞是苦，假的。鬥爭必然有傷害，不是你傷到人家，就是人家傷到你。這裡有很多因果，造了很多的業，也有人修了很大的福，你從靜態、動態、可見性、不可見性，觀察世間是讓你思惟修。觀照的觀，你怎麼想？這是外。回來觀察觀察自己，二十歲的時候怎麼想？三十歲時怎麼想？四五十歲時你怎麼想？到我這個歲數，九十歲了又怎麼想？

第一個認識無常。但是，你的見，你看問題的見，有些事物它又不變的。變那很微細的，就是這五個台，北台頂好多人在這兒開悟，好多人到這來朝了山，見到文殊師利菩薩，好多人成道。翻過來說，好多人造業，造了業變了牛馬。騾馬大會，我帶中國佛學院第一期學生，他說：「老法師，五臺山是聖境，怎麼有這麼多騾馬，怎麼跑這兒來賣騾馬來了？」我說：「入了佛門好好修行，不修行，就到這來賣你了。」還好現在騾馬大會取消了，不必到這兒賣來了，因爲汽車發達了，騾馬減少了，這叫變。

這個變當中有個不變，黛螺頂沒變，那個山沒變，一萬菩薩繞清涼就是繞黛螺頂，我們沒看見，但是它是不變，我是相信。五臺山頂照樣，一下雪五臺山頂上，北台就積雪了，東台就積雪了。我們只知道觀察世間，觀察了之後你要有個清淨的慧眼，智慧眼，光觀察不行，觀察認識，認識了之後，你就覺悟了，產生佛的知見，叫淨見，淨眼就是淨見。

你看一切世間，你怎麼認識世間，器世間就是山河大地一切物質，這就叫器世間，有情世間就是人。五臺山每年來了好多的人，這裡有聖人，有羅漢，有菩薩。有下地獄的，有成道的，你必須具足智慧眼才能認到。看問題，看它的體，體是什麼樣子呢？見五臺山，沒有五臺山，無見，見即無見。見即無見，才是眞見，眞看到五臺山。我們天天看到五臺山，天天住到五臺山裡，我們也不知道五臺山，還是沒看見五臺山。你看見是相，五臺山眞正的聖境你沒見著，你要達到了見無所見，無見而見。見，假的，無見。無見就是不起執著，不起貪戀。見了，見就是無見，見它的性不見它的相，相隨時變化的，體不變，這才能見到一切法眞實性，才能見到一切法的體。在一切法上，約人說，約事情說，約地點說，約時間說，都有見！在一切法，一切事事物物都有見，這些你不去分別，不去執著，見無所見。看見了，看見了是假相，隨時沒有了，但是它有個眞的，這個見是假的，見即無見，無見那個才是眞的。

無見即是見　能見一切法
於法若有見　此則無所見

有見反倒是假的，無所見。無見而見是眞見，眞見是什麼樣子呢？無見，這是它的性。我們說那麼多，或者約人約事情，這個五臺山的地點，那時間不同了，地點不同了，人事關係不同了，一切事物都不同了，都起變化！這是分析，見它的相的時候，不見它的相，見相不見相，無所見是眞見。怎麼叫眞見呢？見它的性，見它一切事物的本來面貌。本來面貌是什麼樣子呢？就是它的體，性的體，一切法的法性。這樣你才能得到它的眞實利益。眞正契入了，這叫開悟。沒契入也誤了，耽誤了，當然沒有悟了，耽誤了爲什麼？你也不修懈懈怠怠的，耽誤了，把這個修道的大好機會給耽誤了。

有一位道友跟我說：「我以前在常住裡負很多責任，現在都不要我了，沒事作了。」我說：「沒事作，不正好修行嗎？」你請他幹，他不願意幹，說三道四的，調皮搗蛋的，你不讓你幹他又感覺著沒事作，又找麻煩，你讓他放下，放不下。就是這樣的混混沌沌的過一生。如果沒造大業，還來人道，還能遇見佛法，這就算很好的修行了。造了很多業，墮了三惡道，一失人身，萬劫不復。特別在三寶，入了三寶殊勝的緣，外緣很殊勝，如果你內因，稍微的加把力，假外緣的成就，那你可了生死了。

我問如瑞：「我們這十來年死過人沒有？」她說：「我們這裡還沒有死過。」我說：「一個有福報的都沒有！」她說：「怎麼會沒福？」死到別處去了，不會不死的，人都要死的，要死的時候離開五臺山，我的看法是沒有福報。怎麼講呢？要在這個地方死了，現前死了，哪位死，我都認爲他的福報很大，多生修行來的。這麼多人現前眾僧，都是清淨的，比較而言，現在南閻浮提，在這個地球上，像普壽寺就幾百人，這幾百人有新來，有走的，鐵打的常住，流水的僧，僧人是流水的，但是這個地方必定有這麼幾十個人老住的，從來沒動過，沒離開普壽寺，這麼多清淨的四眾弟子來送他走，他決定生極樂世界。但是死的時候不在這兒了，跑到別處去死，那不叫業障嗎？就觀察這麼一個世間事，很難。

有些人有病，要回小廟，找著墮三塗。爲什麼？這叫業障。他自己的業，給他作障礙。觀察世間也得學會，要有清淨的法眼，叫擇法眼。這樣來認識世間，觀察世間。這樣來看問題，合理的。無見而見，能見一切法的眞實相，能見一切法。什麼意思呢？就是能見一切法的眞實相。眞實相是什麼樣子呢？眞實相是沒有樣子的，無相。所見到眞實相就是見到諸相非相，即見如來，非相就是無相。說一切法有見，見是虛妄，這個才叫無見。

一切諸法性　無生亦無滅
奇哉大導師　自覺能覺他

這是佛，自覺覺他覺行圓滿，二覺圓滿，就是自覺又能覺他。這樣知道一切諸法的體性，沒有生也沒有滅，無生才無滅。「奇哉大導師」，讚歎佛，功德慧菩薩讚歎佛，這眞是不可思議，這叫「奇哉」。誰呢？佛，能夠自覺覺他。

勝慧先已說　如來所悟法
我等從彼聞　能知佛真性

勝慧菩薩在前面已經說了，「如來所悟法，我等從彼聞，能知佛眞性。」我是聽到他這麼說，我也明白了，我也這樣說，這都是大菩薩謙虛，讚歎別人。我們現在是貶低別人，跟菩薩恰恰相反的。讚歎誰？讚歎自己。好多人都讚歎自己貶低別人，把別人貶低了，才顯我高了。讚歎別人，貶低自己，也不是貶低了，我這個法是從勝慧菩薩那兒聽來的，每位菩薩都是這樣說的。

爾時精進慧菩薩。承佛威力。觀察十方。而說頌言。

若住於分別　則壞清淨眼
愚癡邪見增　永不見諸佛
若能了邪法　如實不顛倒
知妄本自真　見佛則清淨
有見則為垢　此則未為見
遠離於諸見　如是乃見佛

一共三個頌，這是東北方精進慧菩薩，「以勤觀眞理，集無量善，俱無住故。」觀察什麼呢？觀察眞理。當你觀察眞理的時候，就具足無量善業。觀察眞理的時候是無住的意思，顯菩薩的心，菩薩的心轉復精進，轉復精進就無所染著，染著就沒有了。假使有分別，就是觀察義，在你修觀的時候，不起分別念，只是照，照之中沒有分別。如果有分別，就把你那個清淨的慧眼破壞了，就不清淨了。

在了一切諸法的時候，不要生起分別的念。不生分別的念，那你得以清淨眼觀察一切諸法，一切諸法皆清淨。若有分別，愚癡邪見增，越分別越多。增加邪見、增加愚癡，永遠見不到佛了。這個所說的邪法，生起分別就叫邪。不起分別，如實觀察，照了諸境。

因此，你就能返本還源，返本還源就是返妄歸眞。妄從哪來的？知妄本自眞，妄從眞起的，這樣來見佛，就清淨了；不但能見佛，清淨了能見佛。如果有能見，就要見所見的佛，那有這個見，這個見就叫垢。那不叫見，叫垢染。

因此，把「見」改成「照」，照就是無分別。像鏡子，不分別什麼，鏡子不分別醜、好、壞、紅、白，什麼都沒有，就是照的意思，這個就含著什麼呢？般若的智慧。大家讀《心經》的時候，一個觀，一個照，觀就自在了，自在了就用智慧，照見五蘊皆空，不分別五蘊，只是照，照是無見的。若能離開諸見，乃能見佛。精進慧菩薩，就是觀照眞理。

一切法無住，若能了達無住就能積聚無量的善業，這樣那個心，轉復精進，沒所染著了，這種見叫如實見。如實見者，是無見之見，見的時候不起任何分別念，這才叫眞見。見什麼呢？見無相，修的觀就是無相觀，觀一切法無相。世間一切言語的方法，都是眾生的虛妄分別。

世間言語法　眾生妄分別

知世皆無生　乃是見世間
若見見世間　見則世間相
如實等無異　此名真見者
若見等無異　於物不分別
是見離諸惑　無漏得自在

「明緣起無生觀」，要知道世間的語言文字一切諸相，都是幻有，不是實體。無性，依著無性而產生無見，無性無見。若能這樣就不起分別了，沒有能見所見，物質好壞長短方圓大小，一切不分別，平等見無異。「若見等無異」，於任何事物不起分別，就是心不分別，見已不分別了。一分別就惑，惑就迷了，這個見就是無見而見不起分別的見，不起分別的見，見即無見，沒個能見，沒個所見，這才能無漏，才得到自在。所以世間的語言、辯論都是眾生的虛妄分別。

一切諸法皆無生，知道世法皆無生者，這才能見到眞實的世間。眞實的世間是什麼樣子？沒有，假相，幻有非眞非實，一切法平等平等，這才眞實的見。你若見到一切的世間相，世間相無有，如果在沒有當中起執著，起希望執著，甚至再起貪戀，起一切諸惑，這不是見者。

要能夠見著世間相，一件事物就見著它的理，不是見事，見它的理就是見到它的體，體能生起世間相，世間相虛幻不實的，這才能在一切世間相上的事物都不起分別。這時候沒有惑染了，自然就不漏落了，無漏了才能得自在，得了自在才能知道因緣所起的，虛妄不實的，眾生在這上面虛妄分別，所以流轉六道永遠不息。

知道一切法本來無生，把一切世間相，歸於無相，無生就無相。無相，在無相上是起什麼分別呢？要這樣的來看世間。看世間相，世間相就是世間相，不起執著，不起分別，無我、無人，就自在了。知道世間相都是眞實的，世間相不是假的嗎？怎麼又說眞實的？與眞實無異。

世間相怎麼來的？依眞起妄，還是依眞起的，妄還源了，還源就歸眞，這就是華嚴的妄盡還源觀。如是觀，這樣的來看問題就眞見了，這叫眞知眞見。悟與見無異，沒有能見的見，也沒所見的物，任何的事物，於一切物不起分別，這是見離惑。因爲見離惑了，就不漏落，就得自在了。

這一段的經義，一個幻有，一個無性，幻有就沒有自性，幻有就無性，幻有非有。這種見什麼見呢？無見。能見一切諸法無生，以無見能見到諸法無生，無生自然就無滅了。這樣子說，世間法沒有眞實的了。你知道世間法沒有眞實的，你的肉體跟所處的環境，都沒有眞實的，你生什麼氣呢？煩惱什麼呢？貪戀什麼呢？

因爲人的意念當中，總想有個撈摸，抓到點什麼東西，什麼也抓不到，什麼都沒有。凡是能抓到的，能見到有的，就是生死，那是生死法。聲聞、緣覺，他只放下一半，我法雙亡，無我了，法他還認爲眞實的。這些菩薩一發心，一登住就證得了無生法。無生了就無滅了，一切世間相，原來本無生，所以亦無滅。無生故就無住，沒有生、住、異、滅四相，這見是無見，無見而見才能夠無不見。

這些話說起來好像很容易，但你要用功的時候，可就難了，明明看到這麼多人，無見，一個人也沒有！你不是瞎子，怎麼看見人說沒有，他看見有這麼一些人，有這麼一些相，不起執著，不去了解張三李四，男性女性，老的小的，管他去呢！一切無見，平等。看見了，見即無見。無見的意思是不起分別、不起愛憎、不起好醜，見即無見是這樣解釋的。

諸佛所開示　一切分別法
是悉不可得　彼性清淨故
法性本清淨　如空無有相
一切無能說　智者如是觀
遠離於法想　不樂一切法
此亦無所修　能見大牟尼

「明圓成無性觀」，一切諸佛開示我們什麼呢？「一切分別法，是悉不可得」，如空無有相。又者，「彼性清淨故」，要是智慧者，他就這樣看問題，對一切法不生愛樂，若達到這種就是「能見大牟尼」，能見著佛。因爲諸佛所開示的，一切的分別法，「是悉不可得」，不可得說是他清淨的體。「是悉不可得，彼性清淨故」，佛開示教導我們對一切法不要起分別，是不可得的，這樣才能達到體性清淨。這樣才能夠對修道說，你才放得下，看得破，不起任何執著。

像我們一天生活當中，都是在有相當中，都是在分別當中。我們一天哪有不分別的時候，停不下來。靜坐，或者思惟的時候，走路的時候，看著下的大雪，太陽出來這麼一曬，變成水了，水又一蒸發變成氣了，氣沒有了，看不見了，這是見的過程。但是從體上觀，爲什麼一會有？一會沒有？都是虛妄的，不是實的。佛開示我們說，你分別一切法，法的相，若執著它是有，那你就是吃虧了，上當了，一切法沒有了。爲什麼？悉皆不可得，你得不到，撈不到，摸不著，這樣子才達到性清淨。

又再進一步說，法性本來就清淨的，本來就如空無有相，這是說的法性，法性本清淨，如空，法性就是空，法性無有相。「一切無能說，智者如是觀」，有智慧的人是這樣想的，這樣觀的。大家靜下來的時候，你在想什麼？這個問題非常重要，怎麼重要呢？是生死、是成佛，就是你的心，他是不停歇的，他是起觀照的。既然是觀照的，怎麼樣觀？換句話說你怎麼樣想？走路、吃飯、穿衣服，這一切的活動，你怎麼看呢？這在幹什麼？要在這一切相上，在一切活動當中，認識他的體，他的體是不動的，去來、行、住、坐、臥，這一切體性，如空、如幻，這是有智慧人，這樣的觀察，這樣的想，隨時這樣照。如果你觀照一失掉，念頭一轉化，那看問題看法馬上就不一樣了，你的想法就不一樣了。

「遠離於法想，不樂一切法」，不欣樂，對於一切法都不欣樂。「一切法」，普通說的就是一切世間相，不但染汙法，還包括淨法，淨法是對著染汙說的。你對一切有貪愛，佛說一切法，不要貪愛，你本來就不貪愛，說他幹什麼呢？不是沒用了。不要去想一切法，這句話說通俗一點，不住色生心，不住受想行識生心，就是不在五欲上生心，這是不住一切法想。離開五欲還有什麼呢？色受想行識。遠離一切法想，就是任何什麼都不想，只有一念，直心正念眞如。在我們教義上說，「打得妄想死，許汝法身活」，你把一切妄想打死了，法身就活了。

禪宗看話頭，也是這樣意思。他讓你參，參什麼？參就是觀照。觀照什麼？念頭起處是什麼？沒說話前面是什麼？一說話就是第二性了。都是這個涵義，遠離一切法想，什麼都不想。但是，觀照你那個念，使念不失。有人說是死人，死人不想了，死人不想了那才怪，他不轉世了？不是死人不想了，死人不想現在的境界了。

「遠離於法想」是觀照一念不生，萬法皆空，對一切法沒有什麼希求，沒有什麼歡樂，就一切法不存在，對你說沒有。我們現在來觀想的時候，儘量使你念清淨，就是於一切法離一切法想，這念就清淨了。不去追緣、不去攀緣，不去在一法上攀緣。狂心不歇，那就攀緣六道輪迴。狂心頓歇，歇即菩提，歇就是菩提了。這裡頭是一切法都不想，包括你的修行。所以修也無所修，一切法根本沒有，有什麼修有什麼不修，沒有，與佛平等平等。「能見大牟尼」，就見了佛了。爲什麼這個深入大乘了義法，注重你的心念，等你的心念清淨調和了，一念不生，萬法皆空，永遠如是，這樣照了，這樣照著，無住。

在《金剛經》上說，須菩提請問佛，云何住心？云何能降伏？這也沒什麼聖人，也沒什麼凡夫，也沒什麼三塗，也沒有什麼六道。我們的心住在六道上了，所以你在六道上輪轉不歇，因爲你住在這裡頭，能不輪轉嗎？無住了，心就歇了。怎麼樣降伏呢？讓他不要生念，換句話說不要胡思亂想。

如德慧所說　此名見佛者
所有一切行　體性皆寂滅

前面德慧菩薩這樣說的，我現在也是這樣說的。「所有一切行，體性皆寂滅。」除了行爲，一切心行寂滅，就清淨無爲了。

爾時善慧菩薩。承佛威力。普觀十方。而說頌言。

希有大勇健　無量諸如來

離垢心解脫　自度能度彼
我見世間燈　如實不顛倒
如於無量劫　積智者所見

善慧菩薩，「成就般若，慧鑑不動。」般若成就了，慧力深厚，叫善慧，成就般若智了，成就般若智還不善嗎？「可謂善矣」，就是善慧菩薩。佛的加持威力，觀察一切十方，說底下的偈頌。

「慧鑑不動」，見是鑒別的意思，怎麼鑒別呢？成就般若智了，令一切眾生的心，轉能增進，證得無生法忍。無生法忍，就是忍法無生，把他顛倒過來，無生法忍，忍可忍受。一切諸法無生，承認這是眞實的，這本身就是無垢解脫了。

這個偈頌是，見佛、見法，修觀成就了，成就了勇健的智慧。那個智慧，離了所知障，我們經常說，我執、法執，法執就是所知。心淨了脫離煩惱，這時候沒有眾生可度，而又終日度眾生，終日度眾生，不見眾生相。煩惱障所知障，很難得斷，有了智慧了，善慧菩薩他都斷了。難除的已除，自利利他，利他比自利更難，眾生難度而度，爲什麼？沒有眾生相。這個偈頌就是這個意思。

「希有大勇健，無量諸如來」，諸佛都是最大勇猛精進。「離垢心解脫，自度能度彼」，怎麼樣才能離垢呢？心淨，一切垢染都沒有了，本來也沒有有垢，還有什麼離？心解脫故，這才自己能度，也能度別人。我們說是度人，你要幫助別人，起碼你得有力量，自己沒有這個力量，怎麼幫助別人呢？自度度他，度他即是自度。能夠見了佛，見了法，法即是佛，佛即是法。這個法是覺，佛即是覺，覺即是佛，佛所說的法是覺悟，讓一切眾生都覺悟。

這是善慧菩薩看見佛，是他的見，前面講不見，他離開那個見了，這才能見到佛，他所見到的佛什麼樣子呢？「無量諸如來」，都是大勇健的，心是解脫的，離垢了，所以諸佛才能度一切眾生，自度能度他。我所見到的，在世間一切成佛的，就是世間燈，「如實不顚倒」，一舉一動都是法性，都是體。一舉一動，無有舉無有動，而能舉而能動，這叫不顚倒。要能這樣來認識佛，用於無量劫修行的智慧，智慧所照見的就如是。這就是二死永亡，三障蠲除，眾生得度，自強不息，是最大的勇健。見世間燈也是佛，見著一切不顚倒就是佛才不顚倒。於無量劫修行，自利利他所集的智慧。這個見是無見的見，必須有大智慧的才能體會，才能認識。

一切凡夫行　莫不速歸盡
其性如虛空　故說無有盡

「一切凡夫」，就是沒入道者，使他能滅一切有無的體、有無的相，達到眞實的體。這個體性就像虛空一樣，「其性如虛空」，如虛空沒有，無爲、無作、無見、無證，體常如是，體常徧滿。怎麼樣說一切無盡的呢？因爲「其性如虛空」，所有一切凡夫的行爲，是從體上觀，「其性如虛空」的樣子。

「說無有盡」，沒有怎麼產生的呢？「其性如虛空」，虛空無盡故，這樣來解釋的。一個速歸盡，一個無有盡，怎麼能使凡夫一切的行爲，讓他很快的就歸於沒有？那就是你的觀照，觀照凡夫的體性，不觀他的相，不觀他的行，不觀他的作，觀他的性，他的性是跟虛空一樣的。眾生無有盡，眾生無不盡。說無盡，是說體性。說不盡，六道輪迴，眾生永遠如是的，說他的妄相。他哪時斷了妄，那也就盡了。

智者說無盡　此亦無所說
自性無盡故　得有難思盡

「智者」，有智慧的，是指諸佛，他說無盡。說什麼無盡呢？沒達自性以前，一切諸法都如是。這是無爲法，無爲法像虛空一樣的，這樣說無有盡。有智慧的，諸佛所說的無盡，「智者說無盡，此亦無所說」，無盡故無所說，無相故無所說，性無故無所說，自性故無所說，這是不可思議的，體常徧滿。「盡」，是指著有爲說的。「無盡」，是說著無爲法說的。自性如虛空的一切無爲法，無爲法還有什麼盡？有什麼無盡？根本無爲，是這個涵義。

「湛若虛空，便是無爲，體常徧滿故。」這三個偈頌總的說，盡，盡就是有爲法。

有爲法怎麼叫盡呢？在《淨名經》上說，「香積世界諸菩薩，欲還本土，以求少法，當念如來。」佛就告訴這些菩薩，有盡無盡法門，汝當學，什麼法門呢？就是有盡無盡法門，汝等當學。什麼叫有盡？有爲法。什麼叫無盡？無爲法。

《淨名經》就是《維摩詰經》，因爲舍利弗在那聞法，看見中午時間快到了，說怎麼還沒吃飯，也沒看見廚師在作，這些僧都到哪去吃飯？《維摩詰經》上，舍利弗心裡這樣想，快到中午了，怎麼還一點影子都沒有？要吃飯了，還在說法。維摩詰居士知道舍利弗心之所念，就批評他，你是爲法而來？爲食而來？你是到我這吃飯，還是到我這聞法？批評歸批評，還得有事實表現。維摩詰以他神通力，一作意，香積國的飯就送來了。我們剛引的這段話，說香積世界那些大菩薩，想要還他的國土，欲求少法，就念如來，一念如來佛就告訴他，有一個盡無盡法門，你們當學。

何謂有盡？何謂無盡？有爲法是有盡的，無爲法是無盡的。「一切凡夫行，莫不速歸盡」，有爲法。「其性如虛空，故說無有盡」，無爲法。智者在說無盡的時候，就說這個無盡的無所說，無盡無所說，性無所說，爲什麼？自性無盡，沒有法表現。說有爲法，都是有盡的。

所說無盡中　無眾生可得
知眾生性爾　則見大名稱

「所說無盡中，無眾生可得」，是無爲法。所說的有盡者，是說一切凡夫行。所以常有道友感覺這法太深了，不可理解。我個人的體會，越深的，越不可理解的，不要鑽牛角尖，解決不了的。怎麼辦呢？你回頭來在最能理解的，一天所熟悉的，你去找原因，一找就明白了。

有人說密宗最高深的圓滿大手印，最後達到圓滿大手印是什麼呢？現前一念心，這是最究竟的，最圓滿的，要把這現前一念心說清楚，無量劫，十方一切佛一齊說，說不清楚的。一切眾生的現前無量心，無念，就是現前他這一念心，十方諸佛都如是，這是約眾生說。這是顯什麼呢？知道了，淨是無爲的，清淨的淨是指著無爲法才能清淨。說垢染法都有盡，他是有爲的法，有爲的法都有盡。我們經常說諸行無常，那是指著凡夫行，一切凡夫行，無常的。速起速滅，有爲自性，虛空一樣，沒有。無爲自性，也像虛空一樣的，那個是無爲法，虛空徧一切處，有爲法像虛空。虛空是虛妄的法，一會生起了，一會又消失了。

總之，有爲無爲就是你現前的一念心。現前這一念心是什麼呢？知道眾生的性，知道眾生的體，你知道眾生體，見著眾生體，也見著諸佛了。「大名稱」是指著諸佛說的，「則見大名稱」。「所說無盡中，無眾生可得」，沒有眾生了，說是無盡，眾生無盡。一個還源觀，妄盡還源，一個妄的生起，那就從生起的無盡。這個道理你懂得是懂得了，但是你要能起作用，那可就不容易了，得經過無量劫的修行。之後你再來理解這段文字，「一切凡夫行，莫不速歸盡」，爲什麼歸盡？有爲法。若說眾生的體性呢？體性就不能這樣說，「其性如虛空，故說無有盡」，是有盡？是沒盡？一切法就這麼兩頭說，是如來？是眾生？就是一個法。迷了就是眾生，悟了就是佛，其性就無有盡。有爲法速歸盡，無爲法就是無有盡，這樣你就明白了。

什麼叫有爲？什麼叫無爲？有心念、有作爲、有虛幻相，都是有爲的。無作、無念，就是無爲的。有智慧的人，他說一切法都如是。無爲的是不可說，有爲的，說亦無說。因爲自性無盡故，所以你要想達到自性無盡，得有難思盡，你把有法都斷除，回歸自性，就是無有盡了。

在說無盡法的時候，眾生無可得，沒有眾生，無眾生可得。一切眾生跟諸佛無二無別，約性體，相是不同的。我們是業障相，諸佛菩薩是智慧德相。業障消失了，你也是智慧德相。業，是有？是沒有？在一切凡夫，那就是有，不但有，拌不碎、打不爛，永遠如是的。你回歸體性的時候，業障沒有了，消失的時候，那就沒有了，那就一念間。所以自性沒有盡，若是在有法上說，得有難思盡，那他就盡了。在說無盡的當中，無眾生可得，你見著眾生相沒有眾生可得。眾生的性跟佛一樣的，「則見大名稱」。你掌握這麼兩個就行了，一個有爲法，那就是有盡的，無爲法，就是無盡的，說眾生法的時候是說有盡的法門。有爲法是有盡的，無爲法是無盡的，記住這兩句話就可以了，以下進一步解說。

無見說為見　無生說眾生
若見若眾生　了知無體性

本來沒見說爲見，本來沒有鬼說有鬼，心裡有鬼，就是見著鬼了，虛妄說妄話，虛妄的人說的是虛妄話。本來沒有見來說個見，見即無見，見什麼？什麼也見不到。「無生說眾生」，本來無生，非要說眾生。「若見若眾生，了知無體性」，或者見也好，眾生也好，沒有實在的體，沒有實在的性。

能見及所見　見者悉除遣
不壞於真法　此人了知佛

不管能見所見都除遣，遣是遣消，遣出去。但是，除遣是除遣，「不壞於眞法，此人了知佛。」眞法是什麼？一眞法界、如來藏性、妙明眞心，名詞很多，就是一個，叫眞法。眞法不是假法，不是世間相的法。眞法是什麼樣子？眞法是無相、無願、無作，眞法是無法，無一切相，說明爲眞，這樣就能了知佛。

若人了知佛　及佛所說法
則能照世間　如佛盧舍那

佛所說的法都如是，不要執著佛所說的法，若執著就叫法執，要能達到這種境地。「則能照世間，如佛盧舍那。」這就是盧舍那佛。盧舍那佛是報身佛，是有相的。相是千丈盧舍那，若把相歸性，是毗盧遮那，若把相歸化度眾生是釋迦牟尼，三身一體。修觀的時候，空觀、假觀、中觀，最初顯法空，無見說爲見，無生說眾生，這是顯法空。能所之法都空了，又誰能見呢？能見所見亦是空，「能見及所見，見者悉除遣」，除遣了也是空的。「不壞於眞法，此人了知佛」，這樣子就把一切病都除掉，人我二空之體都除掉，這顯什麼呢？顯圓成實的佛性，這是眞佛。

正覺善開示　一法清淨道
精進慧大士　演說無量法
若有若無有　彼想皆除滅
如是能見佛　安住於實際

無量法，一個是有，一個是沒有，無量法攝歸兩種。「演說無量法，若有若無有，彼想皆除滅，如是能見佛，安住於實際。」究竟是有究竟是沒有？若有若沒有。凡是一切想，「彼想皆除滅」，若有若無，就是你想的有，想的無，都要除滅掉。你要把一切有無之見，一切人我之見，一切法我之見，這些都除掉，這樣才能見佛，才能住於實際。這叫什麼呢？「一法清淨道」。所以說就演這個法門，無量門，既遣有也遣無，既滅事也滅理。如來就如是，既不住於有，也不住於無。

〈大智度論〉說，這叫「法性爲實，證實爲際。」這證到實性，證到一眞法界。我們有實沒有？每一位道友都有實，跟佛無二無別的實，就是一眞法界，只欠一個，未證！佛是已證，我們是未證，他已證實，我們還是沒證實。「如是能見佛，安住於實際」，說自己入實際，才能見到佛的實際。這就是精進慧所演說的，也是他所證得的，不住有也不住於無，無住。

爾時智慧菩薩。承佛威力。普觀十方。而說頌言。

我聞最勝教　即生智慧光
普照十方界　悉見一切佛

「決斷不動，所以名智」，心寂不動，這叫有智慧。一切法都能出離，這種道理在〈離世間品〉講的最多。出離什麼？生死涅槃，生死即涅槃。最勝的教導，佛的教導，就是讓一切眾生生起智慧，生起光明了。普照十方世界，等你大智慧生起了，十方世界一切諸佛說法，你都能見。

大家從這幾句話，就可以能知道、體解到，爲什麼念阿彌陀佛那麼殊勝呢？這個法門那麼殊勝，生到極樂世界是凡夫，但是那個境界相，可是大菩薩了。生到極樂世界還沒有證果，在這個世界是凡夫，生到極樂世界還是凡夫，投生的處所不同。但是問題是你怎麼能生到極樂世界？你能生得去，那你就有智慧光了。「我聞最勝教」，就聞到阿彌陀佛，佛的教導《阿彌陀經》，生了智慧了，求生極樂世界，到了極樂世界，就能夠照十方世界，能見一切諸佛。大家念《阿彌陀經》，生到極樂世界，早晨到十方國土去供養諸佛，或者獻華，或者獻燈，那隨你供養了。之後又回來吃早飯！

不曉得大家怎麼理會這個意思，他並不是離開極樂世界，跑到十億國土去，而是心念！不是像我們肉體，坐飛機來不及，電光也來不及。就這心，他坐著一念，十方國土就到了，我們也作得到。你坐著，我們也胡思亂想，人家那是智慧光照。我們這是胡思亂思，這麼一想到了很多地方，一念間到了很多地方。觀光也好，旅遊也好，那是朝佛，你並沒到別的地方，你在這心裡想。生了極樂世界也如是，他一念之間，一作意，到十方世界供養十方諸佛回來了。

我是從學《華嚴經》，懂得這個問題。一早晨到十萬億佛國，十萬億佛國土時間不一樣，地點不一樣，你怎麼去？你這是黑夜，那是白天，怎麼一樣？我們這小地球，現在是下午三點多，他那是早晨三點多，就這麼一個南贍部洲的小地球，這麼一個小國，也是這樣意思，時間不同。但那個是一時間，這叫「最勝教」。什麼意思呢？智慧光，承佛的威力普觀十方，我聞最勝教的教導，生出智慧來。有了智慧光明徧照，普照十方一切世界，能見一切佛。

這個智是不動的涵義，就不動，決定了。決定了有了智慧了，對一切事物才能決定，你沒有智慧什麼事也決定不了，所決定的全是錯誤的，是妄想。有智慧了，因為學佛，佛所教導我們的，最殊勝的，能使我們生智慧光明，光明照耀一切。能照十方國土，照十方國土就見十方國土的一切諸佛，「悉見一切佛」。

但是，還沒動。只是智慧光照，這叫智。在一切法上說，我們都能夠出離，出離什麼？生死。以佛所教導的法，都能微妙的出離。什麼叫生死？什麼叫涅槃？什麼叫淨法？什麼叫染法？統統都是假名，沒有一樣眞實的，眞實的不可說。乃至於說娑婆世界，說極樂世界，說不動世界，統統是假名。只有契眞，你所契入的那個眞理，實際理諦，那才是眞實的。如果你一生分別，一生念，那個是實有的、那個是非有的，這就妄了，這就不是眞實。我們凡夫總想取，撈摸一個東西才是實的，你所得到，所能撈到的，全是假的，那才是眞正不實的。

執著這個身體是實有的，我們這個身體最危脆了，「其身危脆」，碰到一點傷害了，車子撞一下死亡了，下臺階沒注意，摔個跟頭，氣斷了。若沒死，鬧個半身不遂。危脆得很，假的，他不是實在的東西。要是執著、計度這個身體是實有的，是眾生的執著，不必貪戀，保不住的。我們自己保不住，沒本事保住這個身體，你看這個世界上，有活二百歲的人嗎？有活三百歲的人嗎？什麼權力，什麼財富，能把這個身體保住嗎？這個城市一會有了，一會沒有了。

你若站在嶗山，感到海上沒有霧的時候，到青島嶗山頂觀日出、觀海城，海城就是海上現一個城市，看得很清楚。太陽一出來沒了，什麼都沒了，爲什麼？一般的說這是聖境，現這個，現那個。在佛經上，這叫乾闥婆城，乾闥婆羅王他們住的就是這個城市。下雪天，小孩的遊戲，作個雪人，拿雪堆起來，太陽一出，沒了，把它曬化了，就如是觀。凡夫是取著這個身體，把這個身體當成是實有的，在這個過程當中，生死輪轉當中，都是假名字，沒有實在的物體。你還在這上計人我，計著是非，不必了，看破一點，看破了就觀空了。沒觀空，知道今天不是昨天了，也不是明天，現在就說現在，現在不住。

我們這肉體並不是一下子就這麼老了，一天一天、一時一時、一念一念的老。我們看哪個人一下子老了，沒有，這是念念的，叫潛移默化，化的沒有了。什麼支持他呢？業識。我們說業障，業是障，業還能生，他不是光作障礙的，他還使你追求，使你貪取，這樣觀的時候，你就知道了，不要取著。

此中無少物　但有假名字
若計有我人　則為入險道

諸取著凡夫　計身為實有
如來非所取　彼終不得見
此人無慧眼　不能得見佛
於無量劫中　流轉生死海
有諍說生死　無諍即涅槃
生死及涅槃　二俱不可得
若逐假名字　取著此二法
此人不如實　不知聖妙道

「如來非所取」，就是我們求佛，得以無取心去求，懺悔心去求，智慧心去求。如果以凡夫的取著心，見不到的，為什麼？「此人無慧眼，不能得見佛」。因此，你在無量劫中，流轉生死海。對世間執著，對出世間也執著。對出世間執著叫法執，對世間執著叫我執，我法二執。把五蘊計著實有，觀這個身為實相，實在有的相，這與理乖違了，怎麼能見到佛呢？沒有智慧眼。你沒有智慧也見不到佛，就在生死流轉好了，出不去。

修行眞正最簡便的方法，就說念阿彌陀佛，比念阿彌陀佛還方便，是什麼都不念。說是很簡單，一切不著。過去古人學佛成道的知見錄裡，一位老太婆，不念佛也不念法、不念僧，什麼都不念，她念什麼？就念「不管他」，我們北方的土話，大概這個老太婆是北方人。你問老太太：「不管他！不管他！」說：「妳老頭子死在地裡。」「不管他！不管他！」天塌下來，就三個字，「不管他」，什麼也沒念，她眞正解脫，一個「不管他」，解脫了。說她成道了，怎麼成的？「不管他」。怎麼理解呢？看破一切，放下一切，什麼都沒有。

別人問我說：「她是不是成佛了？」我說：「我不敢說！」爲什麼？我若說了，佛所有三十二相，八十種好，凡是佛必定要提到度眾生，「不管他」，他度眾生了，他度誰？那就成佛了？成的什麼佛？看〈高僧傳〉或高僧語錄，那只對某一個人，上師對某一個人的啓發，不能作爲通用的，像這個「不管他」，能通用？不能通用。

像祖師語錄，誰一來了，豎一個手指頭，他就開悟了，這個法能通用？給大家來，我們上了座了，就舉手指頭好了，這是個別的法了。我們有些拿個別的當一切，這是絕不可以的。參禪的說參禪好，你在這觀，在這念好了，這是選佛場，立地成佛。我只知道釋迦牟尼佛、彌勒如來，沒有第三尊佛。這個世界上，從釋迦牟尼佛到彌勒如來之間沒有另外一尊佛，但是禪宗成佛的可太多了，開悟，悟即成佛，這個成佛，不是常法。常法得依著佛的教導，依著三藏十二部經、大藏經。

現在法已經斷的很多，我們現在所講的，就是那幾部經，《金剛經》、《彌陀經》、《藥師經》、《觀音經》、《地藏經》。有好多經，你打開藏經看，連名字你都不知道，沒聽說過。佛說經作什麼用？哪能像這麼簡單。我們講這部《華嚴經》，還沒到四分之一，這說了很多的法，對的很多機，什麼機入什麼法門，哪是那麼簡單！如果說是沒讀書，不認字，就參禪開悟了，頓悟成了佛，這個佛說法不說法？八萬四千，見什麼機說什麼法！那不是舉個手指頭，給你一棒子，踹你一腳，開了悟，成佛了！各有各的法門，各有各的殊勝，他對那一類機，他能夠進入，佛說法是對機的了，不是無緣無故放矢的，放那個矢得中的，這個道理大家懂就好了。

這是智慧菩薩所說的偈頌，「此中無少物」，希望一切大眾要認識理實法界，什麼都沒有，理實法界就是智慧的本體。離了生死離了涅槃，都是些假名字，沒有實體。在這假的當中裡，執著什麼人我，如果執著有人我之見，入險道。入險道，就是生死道。

在我們自性的理體，理實，理實無人我，什麼都沒有，只是些假名字。假使你去執著計度，那就成了危險的道路。凡是有取有捨的，取著的，都是凡夫，計身爲實有，把身體看成是實有的，對身體上起愛護。在六道輪迴的凡夫，他是計身爲實有的，爲這個身體造了很多的業，這個我們自己都能體會得到。因爲在上取著，取著什麼呢？世間法，乃至於出世間法。

大多數執著法，「如來非所取，彼終不得見」，乃至我們取佛相，取佛所說的一切法，取佛所說的一切事物，佛教導我們的，這都叫執著，不能見佛。「此人無慧眼，不能得見佛」，就是因爲這樣取著的關係，流轉生死。這個取著不是人身的身見，而是說一切的法，一個我執，執著世間法，一個執著出世間法，甚至於世間法，出世間法，通通起執著。一執著，就乖了我們所說的理體。

理體是什麼呢？無住。這本來是十住菩薩位，十住講的是無住。十住法門所說的，都是讓你無住，不要起執著，不要把五蘊的肉體當成實有的。什麼是實有呢？觀五蘊法的實相。這個實相是不可執著的，實相者無相。如果執著是法身，執著實相理諦，那你執著就乖了理，不能見法身也不能見佛。無慧，沒有智慧的是見不到佛的，有了智慧的，是一切無著。

「有諍說生死，無諍即涅槃。生死及涅槃，二俱不可得。若逐假名字，取著此二法。此人不如實，不知聖妙道。」這個叫執法，執著佛所說的一切法，乃至於執著佛，起佛見，起法見，這叫起執著。前面是講流轉生死而立涅槃之道，「有諍說生死」，「諍」是什麼意思呢？「諍」就是煩惱。我們經常說煩惱即菩提，「生死及涅槃，二俱不可得」。生死是凡夫，涅槃是聖人。若執著凡夫，執著聖人，這也算是執著，也就是執。涅槃是不生死，不變異，是對著生死來說的，如果生死沒有了，涅槃也不立了，執著生死，執著涅槃，都不可以，這全是假名字。要執著的話，追逐假名字，取著於二法，「此人不如實，不知聖妙道」。這個人要是有著執，他不能證聖道的，不能得成就的。有諍故，有生死，有煩惱。不諍故，以無漏爲體，沒有煩惱了。涅槃是對著生死說的，沒有煩惱了，涅槃也不立了。

若生如是想　此佛此最勝
顛倒非實義　不能見正覺

這四句說「佛佛相望」，佛跟佛，平等平等，沒有高下的。佛說阿彌陀佛，是取法門殊勝的意思，釋迦牟尼佛就是阿彌陀佛，佛佛道同。若說這尊佛最殊勝了，那別的佛就不殊勝了，「此佛此最勝」，這是顛倒的，不是眞實義。這樣子你見不到正覺，就見不到佛。哪個佛的功德大，哪個佛的功德小，這是在佛上評論高低。評佛的高低，佛說阿彌陀佛四十八願能攝受眾生，其他的世界佛不能攝受眾生；說禮這個佛滅罪多、禮那個佛滅罪小，這種說法是錯誤的。千佛萬佛都是一個佛，佛佛平等，他們的行願，他們的功德都是平等平等的。但是隨眾生的根機，隨眾生的緣，不是在佛方面說的，而是在眾生方面說的，當你緣殊勝了得度。此佛跟你有緣，殊勝了，在此佛你能得度。總而言之，是說修行自己的心，心即是佛，「心佛相望」，佛是已成道了，功德不可思議。

我們自己呢？自己的心妄想迷惑，這說明有理。但是眾生的實體，與諸佛的實體，眾生心與佛心，一個是已成道的，一個是在迷，沒成道的，平等平等。佛跟眾生說有勝劣，乃至菩薩一位一位的，說有殊勝的，有劣的，這是照什麼呢？照他的妄心，照他的惑染，照他的煩惱，而說他的理。

其實佛跟眾生平等平等的，叫心佛眾生，我們經常說，「心佛與眾生，是三無差別」。如果你要說有差別，顛倒。理上無差別，事上不同的，佛所說的法都是圓融無礙的，如果你從中一起執著，就變了有礙的，有礙的就是障礙。爲什麼？不能知道佛的眞如相，也不知道自己的眞如相。你先從能知道這個實體，悟得這個寂滅眞如相，這才能見到佛。這個不是語言所能表達的，超出言語之道。

能知此實體　寂滅真如相
則見正覺尊　超出語言道
言語說諸法　不能顯實相
平等乃能見　如法佛亦然

都是順著眞理，我們說眞理就是一眞法界，《華嚴經》講一眞法界，也是順受你那個眞心。悟，這是啓發你悟，讓你跟佛平等平等，能夠顯自己的實相。不假言語，不假說諸法，實相又怎麼能顯呢？我們眾生又怎麼能入呢？但是用言語說諸法，不要在言語跟諸法上起執著，如果在言語上，在諸法起執著，實相就顯不出來了。佛與眾生是平等的，法與佛也是平等的，法是佛說的，而且是佛佛平等。

這種道理，禪宗講的最多，他求寂。「若以知知寂，此非無緣知。」中間要假個緣，若沒有緣你不能知。緣是什麼呢？所說的諸法。祖師假一個比喻，手裡拿著個如意，這手不是如意，如意也不是手，你這樣去知。但是手裡確實拿著個如意，如意不是手，手也不是如意。這樣知道什麼呢？

定跟慧兩者是一個，佛和眾生是一個，讓你知道「寂」，也能知道「如」。既不執著我們的心，也不去執著佛，換句話說不執著你的手，也不執著如意。手裡確實拿著個如意，如意不是手，手也不是如意。用這個方式來顯示，禪宗直指悟心。若按十住菩薩位置，禪宗開了悟，沒證得實體，只心裡明了證得了，妙用沒有。這只是悟體，證得體的，他能顯出來相，能示現他的妙用。悟得了知道了，明白了，沒有妙用，只是不能迷惑了，漸漸還得修。言語所說的一切法，不能證得實相的，必須你達到平等了，才能證得。「平等乃能見」，見法，見佛的法身，乃至見佛的化身，都如是。

正覺過去世　未來及現在
永斷分別根　是故說名佛

這句話就是正覺過去世、未來及現在、三世一切諸佛，都是不分別得到的，「永斷分別根，是故說名佛」。用意會不要言傳，意會沒有分別之見，這叫頓超直入。

過去的佛，現在的佛，未來的佛，三世諸佛，他們都沒有分別，所以才說名爲佛。

爾時真實慧菩薩。承佛威力。普觀十方。而說頌言。

寧受地獄苦　得聞諸佛名
不受無量樂　而不聞佛名
所以於往昔　無數劫受苦
流轉生死中　不聞佛名故

眞實慧菩薩承佛的威神力、加持力，來觀察十方，他說寧願去受地獄苦，在地獄受苦，得聞佛名字；不願意去受無量樂，而不得聞佛名。意思是在地獄，聞了佛名，就能斷地獄苦，寧受地獄苦得聞佛名字，得聞了佛名字，不受地獄苦，就斷地獄苦了。「不受無量樂」，地獄苦跟無量樂，兩相比起來是不同的，但是受無量樂聞不到佛名，所以他寧願受地獄苦聞佛名，不願意去受無量樂不聞佛名。

「不聞佛名」，樂受之後還要受苦，就是不能出離。雖然受了地獄苦了，聞了佛名字，之後能夠成道，能夠斷了地獄苦。受樂，光享樂了，聞不到佛名字，聞不到佛名字不能離苦得樂。所以於往昔無量劫受苦，流轉生死中，不聞佛名故。「心不顚倒，是眞實慧。」這個偈頌讓你增進，去求一切法的法性，但要能善巧，於法上不起顚倒見，能夠稱理的如實的覺了，這就叫眞實慧。

眞實慧菩薩教授我們的是，要能夠如實的覺了。覺了就假如來的教導，以法聞到佛名字，聞到佛名字就是佛教授。不聞佛名字就是接受不到佛的佛法，不能得佛的教授。所以想離苦得樂，是辦不到的。在生死流轉當中，越流轉越深，業障越重。聞到很多的佛名，一即是多，一佛即是無量諸佛，無量諸佛即是一佛，不要起分別心。說極樂世界阿彌陀佛功德大，能得攝受我，釋迦牟尼佛不能攝受我。有人這樣說：「信佛者，阿彌陀佛功德大，四十八願，娑婆世界的釋迦牟尼佛，沒有四十八願，功德不大。」我就問他：「沒有釋迦牟尼佛，你怎麼聽到的阿彌陀佛？」爲什麼我們求法，作什麼佛事，先要稱「南無本師釋迦牟尼佛」，沒有聞到釋迦牟尼佛跟你說法，又怎麼知道一切法，怎麼知道阿彌陀佛，又怎麼知道藥師如來？

於法不顚倒　如實而現證
離諸和合相　是名無上覺
現在非和合　去來亦復然
一切法無相　是則佛真體
若能如是觀　諸法甚深義
則見一切佛　法身真實相

這都是佛說的，千佛萬佛，不都是釋迦牟尼佛說的嗎？佛佛平等，這叫「於法不顛倒」。能夠入了實理。實理呢？就是你的心，一切不離於你的心，這叫「如實」。「如實」，如實相信自己的心，是心作佛。這個心就是你能夠成佛，他本來也就是佛。心佛與眾生，是三無差別。這個我們一定要深信不移，以後學一切法，都是以這個爲基礎。

離開一切名言，離開諸相，才叫無上的覺。不要把世間相，不要把五蘊身當成實體，不是的，這只是和合相，要離開和合相才名無上覺。肉體是和合相，整個的世間都是和合相。隨便你看哪一個問題，都是和合相。和合相是不可說的，和合相不是永久的，幻化的，有名無實的。現在我們看著這個和合相，和合相即非和合。現在我們這個肉體，色受想行識五蘊法，每一蘊包含著無量法，是眾法所合成的。這個相都是假相，假名不是眞實的。

眞實是什麼相呢？凡所有相，皆是虛妄，若見諸相非相，則見如來。一切法無相，無相的法才是佛的眞體，離開一切和合的相，這就是佛。現在所有一切相，非和合，過去的事，未來的事，都是這樣子。爲什麼這樣說？一切法無相，這才是佛的眞體。「若能如是觀，諸法甚深義」，讓你如是觀察一切諸法的甚深涵義。

「則見一切佛，法身眞實相」，這個才能見到佛的法身，頂好見你自身的眞實相。自心的眞實相，就是諸佛的法身的眞實相。心佛眾生三無差別，是說你自身的眞實相，覺到自己的身心是妄，覺妄證眞。覺是覺察的意思，覺察你現在這個身，男相、女相、老相、少相，凡所有相皆是虛妄，沒有一樣是眞實的，若見諸相非相，則見如來。

凡是說覺，一是覺察，二是覺悟眞理。俗諦眞諦，俗也是諦，眞也是諦，諦只有一個。覺就是諦觀察，諦觀察就是覺悟觀察一切諸法。觀一切諸法沒有實的，沒有實的就是覺悟了一切妄，就證得實的。覺是觀察、觀照，覺察的意思。那就雙照二諦，俗諦眞諦只是一個諦。這個諦是什麼呢？就是妙覺義。覺即非覺，這個覺悟達到眞實，就是妙覺。

大家睡覺的時候作夢，睡覺所見一切境界相，都是作夢。當你睡覺睡得很警醒，有人來偷東西，馬上就警覺，那賊就嚇跑了。拿這個來作比喻，等你一覺悟是妄了，覺悟是妄就證眞了。妄滅眞顯，這是覺察，非常警醒的覺察。覺照呢？就是覺悟照妄非眞，一切事都不是眞的，都是妄的。照理名眞，照你那個心，觀察心。常時有一念覺照的心，能夠使這個心湛然常寂照而不失察，覺察不失。我們說一念心就是佛，是你那個心，你覺照它這一念，殊勝義。覺照什麼呢？覺照一切諸法，一切諸相，全是虛妄的，全是假的。乃至於把這個覺離開了，覺無所覺，無覺而能覺，這叫妙覺。妙覺就是佛。離覺所覺，覺無能所，所以就叫妙，不是另外還有個覺，覺也沒有的。

《楞伽經》說，「一切無涅槃，無有涅槃佛。」這是怕你執著法。遠離覺所覺，能覺這個覺離開了。能覺必有個所覺，覺什麼？覺他所覺一切事物，是有？是無？這是覺，所以叫妙覺。

〈大乘起信論〉說，「心起者，無有初相可知。」什麼是覺悟的初相？要能達到覺悟的初相無相，也就無念了。覺呢？覺無所覺，覺也沒有個初相可得，就是證實而立名，這就是「則見一切佛，法身眞實相」。這個應該說沒有語言，不假語言這個法又顯不出來，一有語言了，語言就是虛妄的。虛妄的語言怎麼能顯眞實呢？以心明心，以心會心。等你的心與佛心相契合了，那就是眞覺，眞覺無覺，眞覺是對著妄覺說的，妄覺沒有了眞覺也不立了。

我們經常說注意你的念頭，能夠把你的念頭降伏住，把它消滅掉。我們現在都有念，以無念制止有念，這樣才能夠契合於佛，這是覺義，眞正覺了。念無念相，無念而念，念即無念，這些話教你去想，這就是觀。

於實見真實　非實見不實
如是究竟解　是故名為佛

「覺照者，眞諦名實，無和合故。」覺照，眞諦叫作實。眞諦沒有和合相，這個實，以實見眞實，沒有和合相。眞諦是名實的，覺照的，沒有和合相。俗諦非實，俗諦就是世間相，一切諸法之相，假和合。認得了假和合，沒有雜亂相，認得它了，沒有雜亂相，覺悟五蘊色法，五蘊非實，這叫眞實的見。在見說，也沒有個實，也沒有個不實，什麼實什麼叫非實？你這個能見的見，不是實，能見的見、能照的照，說它是實，說它是非實，都不可以。如果能這樣領悟了，這樣觀照了，這叫諸佛所說的法，「是故名爲佛」。

在《維摩詰經》〈入不二法門品〉上說入不二法門，怎麼樣入不二法門？各大菩薩都說了入不二法門。樂實菩薩說：「實不實爲二。」實和不實不是兩個嗎？實見，實見是無見，「實見者，尚不見實，何況非實。」爲什麼這樣說呢？肉眼所見的，不是實，非實。慧眼所見的，是無見無不見。見是一，不見是兩個，若不見非見，無見而無所不見，無所不見故是無見，這樣才說入不二法門。這顯什麼呢？明實，諸經的涵義都如是。凡是見非實的，即是眞，這就見非實。

「於實見眞實，非實見不實，如是究竟解，是故名爲佛。」於實中見眞實，非實見不實，這樣才叫究竟解，這樣才叫佛。怎麼解釋呢？事相，世間所有的法叫俗諦，事相的都非眞實。如果見諸相無相，則名見實相，這個實相叫一相。一相什麼相呢？一相者無相。

俗諦，說的一切法都是世間相。佛也隨俗，立的俗諦，佛隨俗而不入俗，所以叫俗諦。諦是理，理不俗故，理不是俗。眞則一切眞，什麼都是眞的。妄想本來就是眞，妄本是眞。沒有眞，哪有妄呢！沒有妄也不能顯眞，這就是雙照。照實也照虛，雙照。雙照一切諸法都存在，世間相都存在，是照它的理，這叫俗諦。理奪於事，理不在了，事奪於理，事不在了，理事雙亡，這叫互奪雙寂。互奪雙寂，你奪於我，我奪於你，你也沒有了，我也沒有了，自他雙亡。這種道理，不是一年功夫、兩年功夫，經常的觀照思惟，不是證得，你能把它說的圓融了，心裡如是的理解，什麼是眞、什麼是假，不要把假當眞，眞就隱沒了，見不到眞。

所有入佛門的道友，看著佛相，怎麼認識的？看著法，學習法，乃至於你受個三歸，一體三寶，名字三寶，你看的都是假相三寶，你就是假的，假的看什麼都是假的，眞的見相也是眞的，大家往眞的上會，不要以假為眞。要經常觀照我們的心念。

佛法不可覺　了此名覺法
諸佛如是修　一法不可得

佛法不可以用覺照觀察的，「了此名覺法」，什麼是佛法？不可覺，你能這樣了解了，這就叫覺。什麼意思呢？告訴你不可得的意思。「諸佛如是修，一法不可得。」佛法不要你去分別，若分別了你不能入到佛法，若能了解了，這就叫覺法，諸佛都是這樣修的，「一法不可得」。

「佛法不可覺」的這個「覺」不是眞覺，是妄想分別的覺。「不可覺」，若以這句話說，我開了悟了，我明白了，那你錯了。錯在什麼地方呢？「不可覺」，你要去覺，本來沒有覺，若加個覺，你反倒不覺了。你想覺，覺不到，更加不覺了，若這樣的了此覺法，那就對了。

「諸佛如是修，一法不可得。」沒有能覺，也沒有所覺。能覺所覺，就是一如。一如無二如，是法皆如是。我們經常說如是如是，或者名如來。

知以一故眾　知以眾故一
諸法無所依　但從和合起
無能作所作　唯從業想生
云何知如是　異此無有故

這兩個偈頌解釋「展轉釋成」，展轉互相釋成的，沒有一，也沒有眾，要你這樣知，知就是慧照。因爲有一才說眾，因爲有眾才說一。說人，只說人，人是指一切人說的。知道這個一，知道一切人。一切人用一個人代表了，反正都是人。這是相待而有的，相對有的。

緣生故有一切法，緣滅沒有一切法。因爲是緣生的，所以一切法空，沒有一多相，相盡了。無能所，無對待，無能依無所依。一切諸法的生起，從業、從想和合而生的，沒有能所，除了業之外，什麼都沒有。知道一，才說眾，因爲有一了才有眾，知道眾了才有一。但是諸法無所依，不依一也不依眾，法無所依。那從哪來的？和合而生起的。誰作的？無能作，無所作，是從業生的，是業想生的。「云何知如是」，怎麼知道這樣子呢？「異此無有故」，離開此，一切法都沒有了。

一切法無住　定處不可得
諸佛住於此　究竟不動搖

爲什麼？因爲「一切法無住，定處不可得。」知道一切法無住，無住就是沒有一切法。心無所住，你不住就叫無住。

須菩提問佛，云何應住？佛就告訴他，無住。無住故，就是沒有眾生相，沒有我相、人相、眾生相、壽者相，四相都沒有，也就是說一切法無有。一切無故才無住，無住故才無所不住，隨一切法的緣。但是這個一反一覆，正面反面，得用觀力，不是語言，語言表達不出來。無住故，你想把一切法找個定點，找個定處，不可得。

此偈「結成妙義」，這就妙了，一切法住於此，此沒有。佛住什麼？住即無住，無住故而能住，這叫妙義。住於此，失於彼，無住故無所不住。不住有，不住有顯著法空。若住有，不能契合實際理諦，住此則失彼。不住有又住於無了，住於無又錯了。因爲無即是有，不住有也不住於無，不住俱有無，無二體故，沒有兩個體。

爾時無上慧菩薩。承佛威力。普觀十方。而說頌言。

無上摩訶薩　遠離眾生想
無有能過者　故號為無上

以下是十慧菩薩的無上慧，他承佛威神力，普觀十方而說偈頌。「無上摩訶薩」，無上的大菩薩。「遠離眾生想」，沒有眾生想。沒有眾生想，怎麼利益眾生呢？無眾生相故，沒有眾生相。大菩薩證得了，他沒有眾生相。沒有能超過這個大菩薩的，「無有能過者」，就是無上摩訶薩，「故號爲無上」。什麼叫無上？遠離眾生想，無有能過者，這才叫無上。因爲這些摩訶薩只是紹隆佛的果位，紹隆佛果，法王子，紹隆佛的果位。他是遠離眾生想，遠離眾生又怎麼能去度眾生呢？因此度眾生而不著眾生相，叫遠離眾生相。

度眾生的時候無我相、無人相、無眾生相、無壽者相，沒有能度的菩薩摩訶薩，沒有所度的眾生，要是這個摩訶薩要見著有能度的眾生，不稱爲摩訶薩。終日度眾生而不見眾生相，他遠離眾生想。「無有能過者，故號爲無上。」心無所著，無住無念，不住法，一切法不執著，這是大菩薩。

諸佛所得處　無作無分別
麤者無所有　微細亦復然

大菩薩怎麼行菩薩道的？終日度眾生不作眾生想，不見眾生相，觀察諸佛所得處，「無作無分別，麤者無所有，微細亦復然」，就是菩提涅槃無所得。乃至發菩提心成就佛果，本覺自然，非造作的，大菩薩這樣觀照的。「悟亦冥符，則智無分別。」悟得理了，冥感於心，智慧無分別，明得理了他智慧沒有分別，不分別這些念頭。

「三細已盡，六粗亦然。」我們講〈大乘起信論〉，心一起念，一起念落於三細相，就妄動。一念不覺生三細，就是三細相，業相、轉相、現相。在這一分別，自心分自心，妄現境界相，沒境界的，妄現境界相，這叫境界爲緣長六粗，智相、相續相、執取相、計名字相、起業相、業繫苦相。講〈大乘起信論〉的時候，講這九相。

諸佛怎麼證得佛果？諸佛證得佛果的時候，無所得，無所得而得到的菩提，這個菩提就是涅槃相，本覺自然，我們跟眾生三無差別的那個無差別，我們眾生本具的本覺，諸佛的本覺，自然的，非造作。悟，暗契合了，叫「冥符」，默默的契合，這叫悟。悟是箇什麼樣子？沒有。明白了，明白是什麼樣子？沒有個能明白，也沒有個所明白，沒有一個是悟得了。沒有一個悟得的人說他是悟得了，如果他感覺有個悟得，沒得，沒悟。如果我們現在聽到哪個給你說，「我開悟了！」他沒開悟。沒有個能覺覺到「我開悟了」，也沒有個所覺覺到一切事物「我明白了」，離開能覺所覺那就眞開悟了，這叫什麼無分別智慧，佛的究竟智慧。

此經《華嚴經》說十一地，將進入佛位，還沒進入之間，得到根本無分別智，三細六粗九相都斷盡了。我們一聽到說斷盡的，還有個能斷的，有個所斷的，這完全沒斷。所謂斷盡者是形容詞，是語言不是實慧。眞正明白的人，他也沒有個能明白，覺得我現在明白了，那就還是沒明白。這種道理要你觀察思惟修，如果認爲自己覺悟了，你還沒有覺呢！覺悟的時候，沒有個能覺的覺到所覺，那才眞正覺悟了。

諸佛所行境　於中無有數
正覺遠離數　此是佛真法

前面講的，有個能覺，有個所覺，這叫粗相，沒有能覺所覺了就叫細相。我們經常講言語道斷，心行處滅，那才是菩提涅槃。諸佛的境界，諸佛的功用，「於中無有數」，不能說個眞、說個俗。「無有數」就說諸佛心中無爲，無爲就是「無有數」，有數就是有爲，所以「正覺遠離數」，遠離一切有爲法，「此是佛眞法」，諸佛的心是無爲的。所以，我們禪堂經常有這兩句標語，「此是選佛場，一切無有爲」。

選佛場什麼都不作，無爲。無爲、無作、無念，你達到了無爲、無作、無念。

如來光普照　滅除眾暗冥
是光非有照　亦復非無照

「遣相顯理，皆躡迹遣滯。」如果沒有學法的人，他看見佛的這些偈頌，他莫名其妙，不能達到妙處，不懂得這是什麼意思？諸佛的光明，普照一切十方，把十方的黑暗全給滅除掉了。那光是有照，一照黑暗破了。「是光非有照」，沒有照，沒有照怎麼破的暗呢？「亦復非無照」，光非有照非無照。換句話說，如來沒入涅槃，眾生也沒生死，無生死無涅槃。因爲眾生的心沒有生死法，他那個眾生的心跟諸佛的心是一個，也沒有生死法也沒有成佛，也沒有了道，也沒有涅槃也沒有菩提。這是十住菩薩所行的，他的修行就如是。

顯示十住菩薩境界，就是這樣子，但是他是相似的，還沒證得，到十地菩薩，證得了，證得是一分一分，一地一地，證到十地十一地，圓滿了，達到這種境界。因爲在一切法上不起執著，不起念頭，有念就叫染，一起念就叫染了。因爲無念，所以無染，一切染法不立。

於法無所著　無念亦無染

無住無處所　不壞於法性
此中無有二　亦復無有一
大智善見者　如理巧安住

沒有住，還有什麼處所可言。像我們住哪間房子，或者哪間屋，得有個處所，無住。無住！沒有處所了，不住色，不住空，連空也不住，無處所。法性常如是，「不壞於法性」，有住就壞法性，無住不壞法性。無著、無念，「此中無有二」，在這個道理當中，不能起第二念，一也不立，一念不生，沒有念，還能有第二念嗎？連一尚沒有，何有第二呢？

「大智善見者，如理巧安住。」這才是真正具足大智慧。「如理」就是入一真法界，一真法界包容一切諸法，一切諸法的善巧安住，「如理巧安住」，這是真正有大智慧的，真正見到實體的，這叫無念、無著。沒有念還執著什麼，什麼都沒有，連念頭都沒有了。我們現在修行的過程當中，有能證、有我證、我所證，我證到初果、證到二果、證到菩薩地，證到菩薩果。凡是有能證，有所證，就叫粗。沒有能證所證，就叫細，就是心行處滅，語言道斷。這就是諸佛所行的，諸佛就是這樣修行的，所以於法一點執著也沒有，於法無所著。所以，無念故無染，無住故無處所，法性就如是。

「此中無有二」，「無有二」就是一。「亦復無有一」，有一就有二，有二就有一，二不立、一也不住，這才叫「大智善見者，如理巧安住。」無念無住，我們不行，這種境界我們從能念，念於所念，能念所念俱空，我們不是念佛嗎！若無念怎麼念了？但是念佛的時候念到無念，無念下面還得加一句，無念故無所不念。這就是徧義，有一念一，就念這一個，其他的都不念了，一也不住達到無念了。像念阿彌陀佛，念阿彌陀佛是有念是無念？當然有念了。不但有念還有想，想阿彌陀佛。有念有想，我們這是用的初步功夫。念佛念到無念，無念故無不念，一切都是阿彌陀佛。念一佛就是一切佛，一切佛就是一個你的心念，一念。

這叫什麼念呢？如理而念，稱眞實理諦念的。眞實理諦的是無念，念即無念，念的時候不起執著，沒有分別心，這樣的無念而念。這種功夫深了，這不是念佛，是念心。佛即是心，心即是佛，一念無二念，你生極樂世界，到那兒去就上品上生，與佛無二，證得無生法忍。這是普賢菩薩所接引的，送你到極樂世界，〈普賢行願品〉說的，普賢菩薩送你到極樂世界，證得無生法忍。〈普賢行願品〉沒說念佛，念〈普賢行願品〉，普賢菩薩送你到極樂世界。

一切經論都如是說，都怎麼樣說呢？說你住於法性，以法性的念，念一切，念一即一切。念的時候無念，無念就無染。無住故一切無住，法性如是。這個無住就是住於法性當中，法性無處所、無長短方圓、無大小，這樣的無住無處所，這叫眞正的法性，不壞於法性。此中無有二，無有二就是一了，亦復無有一，無二故無一，無一故無二。「大智善見者，如理巧安住。」有大智慧人，能夠照了，以他的大智慧照了，一切無執著，所以叫無念，無念是這麼生起的。不染一切法，無念。所照一切法，無著，還是無念。無處所、無住處、無一無二，無二故無一，無中無有二。

無中無有二　無二亦復無
三界一切空　是則諸佛見

諸佛就如是，沒中沒有二，三界一切空，諸佛如是見。

凡夫無覺解　佛令住正法
諸法無所住　悟此見自身
非身而說身　非起而現起
無身亦無見　是佛無上身

「凡夫無覺解」，他不覺悟，不覺了，「佛令住正法」。什麼是正法呢？「諸法無所住」，能明白這個道理了，開了悟了，能見到自身，見到自身的法身，可不是見到肉身。本來無身的，「非身而說身，非起而現起」，身本無身因境有，非起而現起，「無身亦無見，是佛無上身」，這才成就諸佛了，令他住無住的覺悟。身即非身，故無可悟。「悟身見起」，這個見就是身，「此見如身」，身和見兩個都不存在了，雙亡。非身而說身，非起而現起，身跟見雙亡。無身亦無見，這才眞正佛的無上身。這是什麼呢？觀自身的實相，實相無相，與佛合。佛也如是，觀身的實相無相，即是佛相。

如是實慧說　諸佛妙法性
若聞此法者　當得清淨眼

眞實慧菩薩就是這樣說佛的微妙法性，若能聞這種說法，「當得清淨眼」，得了智慧了，根本智慧。看一切法以清淨眼看，無雜亂的。

爾時堅固慧菩薩。承佛威力。普觀十方。而說頌言。

偉哉大光明　勇健無上士
為利羣迷故　而興於世間
佛以大悲心　普觀諸眾生
見在三有中　輪迴受眾苦

唯除正等覺 具德尊導師
一切諸天人 無能救護者
若佛菩薩等 不出於世間
無有一眾生 而能得安樂
如來等正覺 及諸賢聖眾
出現於世間 能與眾生樂
若見如來者 為得大善利
聞佛名生信 則是世間塔
我等見世尊 為得大利益
聞如是妙法 悉當成佛道
諸菩薩過去 以佛威神力
得清淨慧眼 了諸佛境界
今見盧舍那 重增清淨信
佛智無邊際 演說不可盡
勝慧等菩薩 及我堅固慧
無數億劫中 說亦不能盡

堅固慧菩薩，智力成就，不可壞故。十慧菩薩到此結束了，從法慧菩薩起到堅固慧，就是十慧菩薩。所說的十住即成佛，我們裡頭所說的道理，就是成佛的道理。

「偉哉大光明」，指著佛說的，讚歎佛。「勇健無上士」，讚歎佛。因爲要利益一切眾生，所以生聖解，增長一切種智，得了清淨的慧眼。「佛以大悲心，普觀諸眾生」，在這個生死苦海當中，見著三有的眾生，就是三界眾生。在輪迴當中不停的受苦難，誰來救度呢？「唯除正等覺」，唯佛。「具德尊導師」，具足無量德的導師，能夠救度世間和天人。諸佛菩薩他沒有出世間，沒有離開世間而在世間，就爲了度眾生，他在世間看著一切眾生，無有一眾生而能得安樂，眾生都在受苦當中。所以，「如來等正覺，及諸賢聖眾」，這些大菩薩出現於世間，「能與眾生樂」。大悲心，大悲心的生起是依世間出現的眾生輪轉的苦難，生起大悲。

「若見如來者，爲得大善利」，若能見到佛的，他得的利益，大善利。什麼是大善利？都能成佛。見佛成佛是必然的結果，中間有過程。「聞佛名生信，則是世間塔。」我們前面講你在生死苦海輪轉當中，能夠聞個佛的名字，能在佛的末法當中見佛泥塑的、木雕的、紙畫的，反正一切相，你能生起歡喜心，能種下這個善根。要能聞到佛的名字，不論哪尊佛的名字，能生起信心，這就是世間的塔廟，跟你見到塔一樣的。

「我等見世尊，爲得大利益」，說我們見到佛了，就得大利益。什麼大利益？

了生死的大利益。「聞如是妙法，悉當成佛道」，不但是見相而聞名，聞名而聽到這個法的微妙處，依法而修，當能成佛道。所以諸菩薩的過去，都是因爲佛的威神力量得度的，得到清淨的智慧眼，智慧眼能見到諸佛的威神力，能見到諸佛境界。

「今見盧舍那，重增清淨信。」三身一體，法身毗盧遮那無相的，跟眾生心平等的。說報身千丈盧舍那，我們是三十二相、丈六金身，盧舍那佛報身佛一千丈，把我們那個信心增長了很高，說見到釋迦牟尼佛，就見了盧舍那，也見了毗盧遮那，法報化三身，三身即一身。

「佛智無邊際，演說不可盡。」要想把佛的智慧說清楚，不可能，說不盡。「勝慧等菩薩，及我堅固慧。無數億劫中，說亦不能盡。」他的前位菩薩叫勝慧，他只說前位，十慧菩薩從法慧到堅固慧，經過無量億劫，常時演說佛的功德，說不能盡。

到了最後的〈普賢行願品〉，普賢菩薩演說佛的功德，那跟十住菩薩演說的不一樣。〈普賢行願品〉，普賢菩薩跟善財童子說，要想把佛的功德讚歎之後，十方諸佛，經過無量劫讚歎佛的功德，也說不完。爲什麼？佛利益眾生的時候，教化一切眾生的時候，功德是無量的。這無量功德，要如是體會，沒有功德，無功德的功德，不可思議的功德。說之不盡，講之不完。經過無量億劫，十方諸佛同時讚歎佛的功德說不完。爲什麼說不完？無住無相無所有故。你把沒有說成有，能說得完嗎？說不完。

另一個說不完，就是你現前的心，一切眾生的現前一念心，可不是妄，現前的一念眞心起。一念妄心起百萬障門開，一念清淨心起，那也是功德無量，言之不盡。

須彌頂上偈讚品　竟

十住品

○來意 釋名 宗趣

〈十住品〉，我們講「住」，什麼住呢？慧住。「慧住於理，得位不退，故名為住。」這個住是入了空理之後，證得性空了，是無住的住，住空性位，這叫住。「住」的涵義有多種，《華嚴經》是圓教，講任何事物都說十。「十」的解釋是無盡，十十無盡。先明白住的涵義，菩薩的信心圓滿，之後重新發菩提心，發菩提心有住了，住在菩提心上。

菩提心是什麼呢？道，無相，無住而住。無住而住，住在無相、無願、空，這樣談的住。懂得住的涵義，你就知道他現在到了什麼位置，以什麼為他的宗旨、他的趣向。「以十住行法為宗，攝位得果為趣。」住就是修行的法門，目的是達到得果，證得佛果，這是他的趣向。

他修什麼呢？斷惑次第。《華嚴經》上講，從初住開始，直至佛位。因為他生起了智慧，以智慧為住，住在佛的大智慧當中，再不退到凡夫，再不退到三界，再不退到二乘，再不退到權教諸位菩薩，因此叫「住」。說他的位，永遠不再退了。如果按照《華嚴經》的意思，善財童子五十三參是一位一位的參。先說他最初這三位，發心住、治地住、修行住這三位，這三住是修出世間的心，修他的心，心出世間，不執著世間了，破世間的一切煩惱障，煩惱的束縛。一時頓成，根本的智慧。

善財童子五十三參的時候，最初參妙峰山，妙峰山是處所，山上住的是德雲比丘，初參的三位都是比丘，他得到諸佛的智慧光明門，除掉一切世間的煩惱障，成就佛的智慧光明。第一參，參初住的菩薩，就是德雲比丘。第二參，離開德雲比丘的處所，到海門國，之後見到海雲比丘，「除心境迷眞」，他心上緣念的境界，修十二因緣觀，令他無障礙。第三參，參海岸國善住比丘，「除心境不明淨障」，把心境上的不明、不淨的障礙，參一參，就除掉！證得佛菩薩無礙的解脫法門。這時候能夠看見一切眾生的根器業行，他的根如何？是不是法器？業行如何？「死此生彼，悉能明見。」這時候就除了煩惱障。

善財童子初參的三位善知識都是比丘，解釋這三住，這時候就得了解脫了。

第四住，生貴住，「明對治世間法則，及生死煩鬧不自在障」。對治一切世間法，世間法就是生死、煩惱，就是不自在的障礙，都能已經得到自在了。生貴住呢？善財童子在市場當中，參見彌伽長者，這是長者，是在家人。給他說的是輪字經法門，表示在生死當中，最熱鬧的地方，能可以常寂。

第五住，具足方便住，善財童子第五參，參的是解脫長者，對治眞俗身邊二見。解脫長者是方便住，對於眞俗二諦，身見邊見的二見，得到大智境界，得到智慧了，大智境界，破不自在障。我們現在生死不自在，鬧靜不自在，善財童子參解脫長者，這時入了一個三昧，「普攝一切佛剎無邊陀羅尼」，陀羅尼就是三昧。十方各現十佛剎微塵數佛國，清淨莊嚴。十佛剎微塵數的清淨佛國土在自身中，這叫方便住。十住的初住菩薩，發心住，能在一百個佛世界現身成佛，因為他得到這種法門，所以才能現，能夠總含無邊佛剎。

第六住，正心住，對治智慧寂用不自在障。用就是動，也是智慧，不能夠自在的得了自在了。這個時候，善財童子參的是海幢比丘，海幢比丘在經行地側，大家行動當中，結跏趺坐，離出入息，就是把呼吸斷了，出息、入息都斷了。無思無覺。在一切眾生身中，能現他的化身。就是自在無礙，寂用無礙，定慧無礙，都得了解脫。

第七住，不退住，對治大慈大悲同行攝生不圓滿自在障。攝一切眾生，不能圓滿、不能自在的，這種障礙消除了，令他圓滿。這是善財童子在普莊嚴園，見休捨優婆夷，她是個在家的優婆夷，女眾。休捨優婆夷對善財說：「我有八萬四千那由他同行眷屬。」「那由他」，翻華言是不可知數。把這個不知數說到八萬四千，有這麼多眷屬，都住在這個園子裡，叫普莊嚴園。這表什麼呢？表行大悲救度眾生的一切方便善巧。說同這個八萬四千不可說的一切眾生，把煩惱都斷了，大家共同作事，教化一切眾生。凡是住此園者，其餘眾生，皆得不退轉位。形容大悲、大智，智悲雙運。

第八住，童眞住，對治處纏同事、世間餘習、智不清淨障。對於世間的纏縛，世間的餘習，不是煩惱，而是煩惱的餘習，智慧不清淨，都令他清淨。善財童子參的善知識是毗目瞿沙仙人，他是位仙人，也是在家的。表什麼？表大智清潔，無所染故。同時毗目瞿沙仙人跟休捨優婆夷住處同名，這叫什麼？海潮處者。女的表悲，毗目瞿沙仙人表智，悲智雙運，斷絕一切習氣，對境生染的心，隨智慧行持，沒有染習。師子幢王女、慈行童女，亦如是見，這叫童眞住。

第九住，法王子住，對治說法不自在障。說法不能自在，隨眾生的因緣，令一切眾生得自在，當然自己先自在，才能令眾生自在，善財童子參的是勝熱婆羅門。怎麼樣才算自在呢？登刀山，入火聚，行苦行。要參善知識，善知識在刀山裡坐著，你得上刀山走到善知識跟前。在參的時候，善財童子走到刀山上，很懷疑，他的思想就起個念頭，這是佛法門嗎？天上的護法神就告訴他，善男子，逆即是順，現逆行，善財童子就在那行苦行，也從刀山走過去。凡是天龍八部護法的，登刀山的，沒有不得利益的，法王子住。

第十住，灌頂住，對治悲智不自在清淨障。不自在的、清淨的障礙，都令他得清淨，善財童子參的善知識是師子幢王女、慈行童女，兩位女人。王者表智自在，女者表大悲。王女表慈行，沒有染習，智悲、智滿了，從大悲處利益世間，這是十種對治。

十住就是現前的一念心，初發心時，從初發心住到十灌頂住，都在一念心。這一念心對治前面的十障礙法，成就一法、一心、一智慧。儘管說好多障礙，心上的一心，行的一行，一行之中具足十，十又具足十，這叫十十無盡法門。《華嚴經》初住位的菩薩，就能得到這種境界。《華嚴經》上講，一即一切，初發心時便成正覺，初發菩提心，成就菩提道。初發心時成正覺，如是二心初心難，這個心發不起來。為什麼這樣解釋呢？自心不動智佛，這是體，一發心就是自心的不動智佛。你的心跟不動智佛，心佛同一體故。

一切說十，十者說法門無盡，十門即是一門，一門即是無量門。用十種對治修行，一切都能夠得自在。「不同三乘權教，約劣解眾生，存世間三世之性，說佛果在三僧祇之外。」這跟三乘權教理解的眾生不一樣。

三乘權教，根機劣，慧力不大，有世間，有過去、有現在、有未來，說要得到成到佛果，必須經過三個阿僧祇劫，三個無央數這麼長的劫，這麼長的時分。現在這是究竟了義，以自心根本無明分別之種，便成不動智佛。根本的無明，即是不動智轉無明成智慧，便成了不動智佛。這叫什麼呢？法性體，法界為體，以法界體而生起的法界一切用。

十信滿心，入到初住的菩薩就能產生這種效果，就能產生這種力量，所以情與無情，時間的延促，「延」是長的不得了，「促」是短的不得了，就是一念間，平等平等。為什麼這樣說？法界無性，無生為一生，非延促生故。把他作為一生，延促自在，把他延多長，無量無量無量無量的劫，就是現前的一念。

就像一滴水入大海裡頭，整個大海水就是一滴水，一滴攝受一切，但是不能夠自了。「無性無依」是顯智的體會，自己的體會必須得遇緣方了。如果善財童子的因，沒有遇著大智文殊師利菩薩啓發他的信心，指示他參善知識，他一參一參的，就自己的因行遇著文殊大智的緣。不能自了，會緣方生，遇緣就了了。什麼緣呢？怎麼樣才發起心呢？怎麼樣才能入到住位呢？

會緣，緣有三種。一會苦緣，遇苦了發了心，遇苦發了菩提心，在苦難、劫難當中發了心。二會樂緣，他生到天城，沒有再墮三塗，指人天道。久了在人天道，慧根永遠不迷，內心有明慧，希樂出世間的果。他悟得了生死無常，想求眞理。三會見佛及一乘菩薩，因此能見著佛及一乘的菩薩，因爲他說遇到華嚴的境界，得一乘的菩薩。發心一求是求佛的智慧，他不求了生死，就發求成佛度一切眾生。

有這三種外緣，再加上自覺的佛智，無明本是佛智，在染的時候說無明，在成就的時候就是佛智。他明白了無明本來是佛智，無明本來是明，是你迷了，迷了就是不明了。因爲本具的本智，自己的智慧而生起的信心，這個信心滿了，約本智而悟入，悟了不離開本智，這是發心成住。之後住了又發菩提心，十信滿心，入了初住，初住再發菩提心。這一發心，初發心時便成正覺。雖然他還要十住、十行、十迴向、十地、十一地，一位一位修，但是他的心再不退了。

這個心是什麼呢？就是大智慧。無邊的一切法，一心都具足了，因爲這個智跟佛平等，因爲這個智跟眾生心平等，因爲這個智跟諸法平等，沒有什麼長短染淨迷悟之分，這個智慧與虛空齊量，超過虛空。

我們經常說，心包太虛，量周沙界，這個心，明白了之後能包太虛。「一切虛空猶可量，諸佛說法不可量」，說義無邊故。明白自心根本無明的體用，而見不動智與一切諸佛。見了不動智了，根本的無明體用，即是無明智，無明沒有了。一切諸佛及一切眾生同一體性、同一境界、同一智慧；所以初發心時，就住佛種智家，住在佛智當中，佛智如空，住在空中。所以他初發心時，能於十方世界現身成佛。

這裡單有一品，〈初發心功德品〉，心裡一發了菩提心，功德自明。一入了發心住，初住，這一發心就能夠住到一切諸佛，他的智慧大悲海境界當中。住、行、迴向、十地、十一地，通修、頓修，不像三乘教義，一位一位一位一位的。這個叫通修。因爲智慧之體，就是一個，非有分別，不是過去、現在、未來情境。

舉兩個例子，一個在《法華經》，龍女一剎那之際，就成了佛。《華嚴經》的善財，一生成辦，從發心到成佛，現的一生。文殊師利菩薩有個頌，就是頌這個問題，龍女一念成佛，善財一生成佛。「一念普觀無量劫，無去無來亦無住」，這在一念間，這一念無去、無來也無住。就是不是過去，也不是現在，也不是未來，三際一念。「如是了知三世事，超諸方便成十力」，「超諸方便」就是超去一切方便成了佛，這個是文殊師利菩薩的偈頌。

從這個道理，讓你明白小中大的三乘。三阿僧祇劫的時間，出世的諸佛，成就的諸佛，出世成就佛了，這都是權巧方便，不是眞實的。像《華嚴經》約一實境界，約教、所說的眞實法，不是以發願、懺悔、一心這樣來成佛。假使要以願力來修行，那經過很長時間。要以實成佛，實就是實相，一眞法界來成佛。不說願力，願力是暫時成，願成的。

所以說入了十住中，從初住開始，初入位的菩薩，他是不經過漸次，五位通修。三賢、十地、十一地，這叫五位，一修一切修。十迴向如是，十行如是，十住也如是，十地、十一地。在十住當中的第七住、第八住，還修悲智。九住是法師位，十住是悲智雙圓。如是五位行相相似故。

善財童子所參的十住位菩薩，諸善知識，這些善知識的智慧、境界，皆悉無極。這種說法，是約法身的智慧普徧故。所以他起了信心來進修，雖然好像有五位的境界，大智境界，沒有去來、沒有前後、沒有次第，這就是大智的境界，依性不依識。似乎有斷惑的次第，實際沒有斷惑的次第。這種五位的斷惑，如空無時，你怎麼能看出次第，都是在空中。舉這個例子，如圓鏡頓照，拿大圓鏡子形容那個智慧，叫大圓鏡智。大圓鏡智就是說智慧的圓照，不是次第的照，是圓照，普齊現的。十住的大致的境界相是這樣子，簡單的介紹一下十住位菩薩。

十住品 第十五

◯來意 釋名 宗趣

我們現在說這個是圓融，圓融中的行布，一位一位，還是有一個次第，但是他是圓融的。位圓融、行也圓融，德也圓融，所以才能百界示現成佛。十住的玄義，可以研究三至七天，但是，好多道友對這個很不熟悉，聽起來很生疏，不曉得說的什麼話，我就略說一下子，簡短說這麼幾句就算了。剛才說的叫玄義，先說說大概的意思。十住就是這麼個境相，就像我們進了普壽寺，大殿沒修，就直接到法堂，戒堂、淨土部、華嚴部，大概說一說而已了，其實內容比這個還深。

◯釋文

◎三昧分

爾時法慧菩薩。承佛威力。入菩薩無量方便三昧。

法慧菩薩是會主，要想暢演十住法門，先承佛的加持，他自己入三昧，這個三昧名字，菩薩無量方便三昧。入三昧了就入定了，先入一個無量方便定，這個定的體是法體。不是證得的不說，說了人家也不能明了。說這個法不是用思量簡擇，沒有這些境界相。

「觀機審法」，看看他是什麼根機來審察法，法是對機說的。但是，法慧菩薩是承佛的威力、加持力，這叫軌生物解，有這個軌道能生起解悟。這個法就像軌道一樣的，順著這個軌道，你能行就能達得到目的。依著這個儀軌，成就你的果德。誰在入定呢？入定的人是法慧菩薩，是這個十慧之首。

這個三昧定，是承佛的威力，把這個功推給佛。雖然入定是法慧菩薩入定，用無量三昧來利益一切十住的菩薩，是承佛威力的。菩薩無量方便，這是這個定的名詞。說一三昧，就是一切三昧。我們做事都有三種相，入三昧、住三昧、出三昧，入住出，三昧的三相。權小，權乘、小乘，只要他是這個根機，遇著法他生悟解，他就不是權小，入了圓乘、大乘。得看根機，說是菩薩入定的時候，寂的時候，定就是寂，這叫入。到出定、起用的時候，這叫出。入已了，沒起，叫住，入、住、出。法慧菩薩承佛的威力，入無量方便三昧。

◎加分

以三昧力。十方各千佛剎微塵數世界之外。有千佛剎微塵數諸佛。皆同一號。名曰法慧。普現其前。

不是十千佛剎之內的世界，而是十方千佛剎、微塵數世界之外。「有千佛剎微塵數諸佛。」是重重無盡的意思。十方千佛剎微塵數世界，這叫內，這個之外，又有千佛剎十微塵數諸佛。「皆同一號，名曰法慧，普現其前。」都叫法慧。法慧菩薩入了這個三昧之後，這是十佛剎、千佛剎之外，又有千佛世界的諸佛，都是一個名號，同名法慧，而且都現在法慧菩薩前。他在三昧當中，見著諸佛來讚揚他。

告法慧菩薩言。善哉善哉。善男子。汝能入是菩薩無量方便三昧。善

男子。十方各千佛刹。微塵數諸佛。悉以神力共加於汝。又是毗盧遮那如來往昔願力威神之力。及汝所修。善根力故。入此三昧。令汝說法。

讚歎法慧菩薩說，你很了不起，能入這個三昧，之後就跟他說：「善男子！十方各千佛刹，微塵數諸佛，悉以神力共加於汝。又是毗盧遮那如來往昔願力威神之力。」這是佛加。「及汝所修，善根力故，入此三昧。」入此三昧作什麼呢？「令汝說法」。「說法」，就是說十住的法。這是表現法慧菩薩入這個三昧，爲要說法，說什麼法呢？十住法門。

這個三昧是十方諸佛所加持的力，毗盧遮那佛的往昔願力，再加自己的善根力，才能入這個三昧。入這個三昧讓你從三昧起，說十住法門。在另一部經論上，叫〈十地經論〉，解釋佛的願力，所有菩薩入這個三昧，都是他的願力所加。這以佛的威神，所以說遮那的願力，本願所加。

過去諸位古德說是諸佛加持，這是定的因，入無量方便三昧，就是定的因。因爲，在此經文所解釋的，通兩種道理，得到這種定的因，假諸佛加持的力量，所以說毗盧遮那先已入是願。什麼願呢？加持修行這個三昧，令得到這個三昧，以後說法。同時對法慧菩薩說，你能入這個三昧，是十方諸佛加被你，加持你。但是也是自己善根力。

這是兩種意思，一是十方諸佛同叫法慧如來加持你，也是自己的善根力入這個三昧。假他入定的同時，加持他。如果他將入定沒入定，不能得到加持，加持他也不能勝受。沒經過加持而入定，他自己的力量入不了甚深的定，就是他入定同時的加持力，和合而生的。這都是上上者所言，不是凡智所能測度得到的。這是加持與他入定的同時，沒有先後。

為增長佛智故。深入法界故。善了眾生界故。所入無礙故。所行無障故。得無等方便故。入一切智性故。覺一切法故。知一切根故。能持說一切法故。所謂發起諸菩薩十種住。

令他說這個法，是令一切眾生增長佛的智慧，深入法界。善了眾生界，所入無礙，所行無障。因爲他入方便的大定，得無等的方便。因爲這個定是入一切智性，覺悟一切法，能知道一切根，能總持一切法故。效益呢？發起諸菩薩十種住。就是前面講的十住，十種住。諸佛的願，諸佛願也是入此三昧，入了這個三昧，得到諸佛的加持。

加持他作什麼？說法。說法作什麼？令一切菩薩增長佛的智慧。諸佛的加持力說種種法，我們現在學這個法門，得到諸佛加持沒有？如果沒有宿因，遇不到《大方廣佛華嚴經》。遇到了，你不能進入。就像打開經本，一個字沒有，那叫什麼呢？無字天書。但是你有緣，現了，沒有字現字。你不明白義，心開意解，這才叫加持。現在我們聽起來，好像是茫茫然不知道什麼。你懂得了，從文字上懂得了，義理你不能懂得。懂得義理了，你是相似的懂，不是眞實的，還沒有斷惑的力量。你聽一遍、聽兩遍、聽三遍，你也還入不了十住。初發心住，還是發不起菩提心。

現在我們相似的發心，總說，我要發心利益一切眾生，不顧自己的生命，連自己的生命都不顧，還能顧得名聞利養嗎？還想到利害關係上嗎？連這個心我們都沒有。如果我們要出題考試，讓大家答卷，你發菩提心沒有？你進入發心住沒有？答覆出來，肯定沒有。怎麼能有呢？學發願，願住。因爲我們還不能深入法界，只是相似的隨順經文，法慧入這個定，說這個法，達到什麼目的呢？讓一切眾生都能增長佛的智慧，起碼增長了佛的智慧，就能發心，就能到發心住。就能夠深入法界，善了眾生，對眾生過去、未來、現在三世所有的因緣，都能沒有障礙了，無障無礙的。使他得能聞法，能得到這種方便的利益，這叫方便定。

能使他入一切的智性，對一切法都能覺悟，都能知道一切眾生的根。能持一切法，持一切法明無量義，所謂發起菩薩十種住，這叫展轉相成。

這個三昧是一切諸佛的願，入了這三昧就是一切諸佛的願，諸佛願力如是，能入這個三昧，才能得到諸佛的加持。爲什麼諸佛要加持他？爲了他說法，加持他有諸方便三昧智。說法又爲什麼？令一切菩薩增長佛的智慧。我們現在求佛的加持，或者我們讀誦《華嚴經》，或者聽《華嚴經》，聽的時候要發個願，讓我能夠進入法界。入法界的意思，就是能入法界，發了菩提心。

我們經常說業障消失，不是業障消失；業障不是業障了，業障就是智慧。剛才講，煩惱沒有了，煩惱就是智慧了。讓一切眾生都能增長智慧，所以令信解的菩薩，信了也明白了，那就行。

行，修行有兩種性，一種叫性種性，一種叫習種性。〈大乘起信論〉講二種熏習。說染法，在日常生活當中所接觸的，大多數都染法多，淨法少。染法熏習，你一天受這個染法熏習，淨法也轉成染法。像我們每天都是三寶加持，聽經、聞法、上殿、過堂都是，這叫淨熏染。

把過去的習氣都轉變了，這裡不是在社會、家庭裡生活，不是你單位裡的生活。一天所見的、心裡所想的、所行的、吃飯、穿衣，一切行動都在淨中，這叫淨熏染，二種熏習。你自然漸漸就淨增長，染消失，這叫淨熏於染。說現實一點，不要認爲你沒有修行，你整天都在修行，如果心再轉變一下，使你的思念不離開三寶。你的心念不離開三寶，時時念念得到三寶加持。能夠信一切諸佛這樣修行，一切諸菩薩這樣行，就深入法界，你的俗事，都變成眞事了，眞俗二諦，俗諦都變成眞實。

在修行當中沒有個修行相，不是另外再有個修行，就是這樣的生活，都在修行當中。等你自然而然的不執著了，入了無相，就像法慧菩薩入三昧沒有個入相，出三昧也沒有個出相，住三昧也沒個住相。了性了相，我們說是有入定、入三昧、住三昧、出三昧，這是形容菩薩沒有入住出三相。有入住出三相就叫執著，那不叫眞正的佛三昧。以華嚴境界，這種叫圓心，那個心是圓滿的、無障礙的、無分別的。法慧菩薩入這個定，就是要說十住法門，讓一切眾生都能入，都能夠發心、發菩提心，這叫發心住。

善男子。汝當承佛威神之力。而演此法。是時諸佛。即與法慧菩薩。無礙智。無著智。無斷智。無癡智。無異智。無失智。無量智。無勝智。無懈智。無奪智。何以故。此三昧力法如是故。是時諸佛。各伸右手。摩法慧菩薩頂。

什麼法呢？就是他所入的定，這個定叫方便住。

諸佛給法慧的加持，增加法慧的辯才無礙，增加他的智慧。拿手摩他的頂，這是顯加，明顯加被他。還有意加，意加是諸佛的心，加持法慧的意念。摩頂就是身加。勸他的時候，是口裡加持他。身口意，這叫三昧加持，身秘、口秘、意秘，又叫三業加持，口業、身業、意業。令法慧得到四無礙，就是四無礙智。不執著於辯才，所說的法無住、無相、無著。在辯解當中，言詞、演說，一切都無礙。辯才無礙，就是四無礙。無著、無斷、無癡、無異，還加無失、無量、無勝、無懈、無奪，增加十無礙智。「是時諸佛，即與法慧菩薩，無礙智、無著智、無斷智、無癡智、無異智、無失智、無量智、無勝智」，還加無懈、無奪。「何以故？」他入的這個三昧，三昧的力量法如是故，就是自然的。「法如是故」，法性體就如是。

七無礙就是七無辯，總說就是辯才無礙。時間、地點、還有根性，對著什麼樣人呢？無失就是絕不有過失，沒有錯謬的意思。法契理，所說的法跟性體不相違背的，契眞實，沒差異。契機，對這個機說的法，絕對正確的，絕對即時的。像我們現在是解說，但不契機。不契機者，不能聞到法就理解了，這叫不契機。如果契機，一聽到就開了悟了，還不說證得了，智慧相契。無錯謬，因爲契理，才能無錯謬。

爲什麼要加個辯才無礙？因爲法無量，這個法一開演的時候，無量。義味無窮，就說他無量，不論約事、約理都是無量的。這些法都是甚深的，能令一切眾生所說的法入於他的心，他的心生起無量的歡喜，一切的障礙都消失了。能夠聞到的，他都歡喜無厭，沒有能勝過，聞法的時候沒有疲倦，這就很難了，這就是諸佛加持。這種我們恐怕還達不到，領會不到。領會到了，就在諸佛加持法慧的時候，上上機，還不等法慧再說，在定中得到加持了。前面是諸佛的加持，以下是法慧菩薩說。

◎起分

法慧菩薩即從定起。

諸佛加持之後，他就出了三昧。得到諸佛加持的勝力，知道說法的時間到了。定中沒有言說，法慧菩薩開始說法，跟哪個說呢？與會的大菩薩。

◎本分

告諸菩薩言。佛子。菩薩住處廣大。與法界虛空等。佛子。菩薩住三世諸佛家。

諸佛加持他，讓他說法！他從定起了，就開始說法，跟誰說呢？前面所說的法會大眾。先說住處，講十住，得有住的處所。住到什麼地方？住到法界虛空，菩薩住處。法界虛空之中過去、現在、未來諸佛，一發心時就住在佛家，住在三世諸佛家。「佛家」，沒有家，不要當我們家庭這樣會。「住」，三世諸佛的家是什麼？無住。你住到無住，你能達到住到無住裡頭，就住到諸佛家。無住的涵義呢？就是你的心，一點執著都沒有了。

我們念《心經》的時候，告訴你，心無罣礙，無住處。無罣礙無有恐怖，才能遠離顛倒夢想。同時這個住，說住是無住，住即無住。無住故才能住於佛家，佛有家嗎？是覺悟，住在覺家。過去諸佛都住在法界，那就是三世諸佛的家，以法界爲家，這就是十住的體。

十住體就是三昧，所依住的。三昧就是法體，就住在三昧當中。所緣呢？眞俗二境，叫眞諦、俗諦。能緣呢？悲智二行，就是大悲大智，能緣緣於所緣，就是悲和智，沒有什麼分別，境和智，眞諦俗諦的境，悲智的行，境和智冥契了，就是同一個法界。住三世佛家是約相上說的，好像是有個住處。

「三世諸佛家」怎麼解釋？佛有家嗎？佛有家，法界。發了菩提心初發心住，什麼叫發菩提心？發菩提心有好多種解釋。我們說的直心正念眞如，發了菩提心，直心正念眞如。深心，樂集一切諸善行，把一切善法都集中來。大悲心，救護一切眾生。西藏密宗講最主要的叫「三要道」，三要道就是發菩提心，那個跟直心、深心、大悲心又不同。發菩提心也是三種，一是出離心，一定要出離三界，對三界不貪戀，你才能發起來菩提心，才能入佛道，叫出離心。

西藏爲什麼講「三要道」？你要想斷生死入涅槃，不能留戀世間，厭離。這厭離又跟二乘不同，必須得具足深心，深心是什麼呢？大悲心。一個厭離心、一個大悲心。懂得厭離的道理，要把這種的道理讓一切眾生都覺悟，大悲心。不爲自己求安樂，但願眾生得離苦，這叫大悲心。

求出離不是自己求出離，讓一切眾生都生起求出離。厭離心、大悲心，這大悲得有智慧，第三心叫般若心。這三心跟直心正念眞如，跟深心、大悲心相合的。正念眞如必須得厭離世間，把你的思想高度集中，只一念心，直心正念眞如。深心，樂修一切諸善法。大悲心，救護一切眾生。這個跟西藏的「三要道」是相合的，不過解說的不同。

所念的眞如，直心正念眞如，就是自己本具足的性體，直達本心，就是本覺之智。本覺之智，他含著無量恆沙性功德，凡夫都不失掉的，只要有情的都具足。這三心，合者是一心，有一個就具足三個。十住、十行、十迴向，三賢位的菩薩，他住在直心正念眞如上了，就能產生一種解，這是他行願的根本，就是直心正念眞如，就是眞如。這是一切法的根本，你學哪部大乘教義，都含著直心正念眞如。

深心呢？我們說修行，深心就是修行。修什麼？積聚一切諸善法。大悲心，就是度眾生。我們佛弟子，一舉一動都得具足大悲心。吃飯要發願、要念咒、念經，拜懺，你的一舉一動，都在念咒念經。我們剛講完〈淨行品〉，約法門叫「淨行（ㄏㄥˋ hèng）」，約行爲叫「淨行（ㄒㄧㄥˊ xíng）」，就是清淨的行爲。行爲不清淨，你就照著文殊師利菩薩教導你的去作，清淨了，從淨行就直接入十住，入十住三賢位漸修，漸修登了地了，眞正成佛道。從三賢位的初住，五位一體，漸漸的成佛道。

這個道理是很深，說我們的行爲怎麼樣能跟十住菩薩結合到一起，專講發心住。前面所說的〈淨行品〉，就爲了入了初住的準備，如果能夠跟〈淨行品〉配合，也就入了發心住。

我們往往聽說發菩提心是很難，不要想那麼深，如果離開經文，想成佛大家都願意？還有不願意成佛的嗎？我想沒有。那佛怎麼成？幫助別人。幫助什麼人？有情的、無情的、螞蟻、老鼠，我們看見老鼠，冬天出來好可憐，牠還想到我那佛堂上面去逛逛，參拜參拜。現在我們那老鼠很多了。人人看見老鼠討厭，不要討厭！老鼠是財神爺，如果誰想發財，你對老鼠愛護一點。你這樣的護持老鼠，人家最討厭的，你不要討厭。牠本身墮落到老鼠，墮落到了人人討厭的蟑螂，現在我想大家身上還沒有蝨子，常時洗洗衣服、洗洗澡，不長蝨子。你要是到西藏，到少數民族地區，這麼一抓就是蝨子，那也是眾生。但是，你發願成佛，念經時能想到這些，就是最大的大悲心。

爲什麼想到牠們呢？想到牠們就是度牠們，何況人呢？畜生你都這樣對待，何況對待人呢？你把一切人都看成是佛，罵你也好，辱你也好，唾你也好，這是文殊師利菩薩的發願，彌勒菩薩的發願，大家念念文殊十大願，不像普賢十大願文字那麼深，文殊十大願，大家念念就知道了。你跟我有緣，乃至你罵我，都有緣，沒緣你怎麼會罵我？都有緣的，都給他迴向的，都度他。欺負你、打你、侮辱你，那個度眾生不是句空話，可難了。

大家都念過《金剛經》，歌利王割截佛，一塊一塊割他身體的時候，他發願，成佛先度他。歌利大王就是憍陳如的前身，佛最初度的是憍陳如。這叫直心、深心、大悲心，三心都具足了。我們解說起來，上嘴唇跟下嘴唇一碰，再加上喉嚨他出來音聲了，但是你要去作到，可難了。換句話說，你得先把自己度了，自事未了，焉能度人？自己大事未了，生死還沒了，怎麼度別人？什麼叫大事？生死事大。在家人大事是什麼呢？父母死了，當大事。父母死了，都寫三個字，當大事。這是古來。現在人，他爸爸媽媽一死，第一個注意有沒有遺產，沒有遺產，他才不理，世道變了。為什麼？人心變了。佛在世的時候，發大悲心，發菩提心，這是行菩薩道。

我們經常說修行，就連一個發心都很難，還不說修行，能夠發心，把所發的心鞏固了，堅定了，要好長時間呢？要一萬大劫。信佛了之後，能夠把這個信心堅固了，不再退墮了，我們信信不信了，進進退退。使它不退，把這個心住到，要一萬大劫時間，按人間的時間算，沒法算，經過時間很長了。經過這個時間再發心，這叫發菩提心。我們現在是相似的，我們所緣念的三寶境，境界相！學過佛的教授了，知道一切世間相屬於眞諦，我們所要發心趣向的那個，叫眞諦。有這兩種境界，俗諦是約一切事，事法界。我們所緣念的眞境，那叫理法界。世間的境界跟理法界兩個融通，怎麼融通的呢？我們所緣境界是眞諦和俗諦，能緣的是什麼呢？大悲心和智慧。我們現在所處的悲和智，眞諦和俗諦的境，把它融合，不起分別了。大悲心即是智慧，智慧即是大悲。世間相就是眞實，就是一眞法界，合起來爲一法界。有時候約本體說，有時候約體上所起的用說，達到這個樣子，悲和智沒有分別了。智和境，我們的智慧跟我們生活、外邊世俗的緣，通通合而爲一，通通合成到一眞法界，一眞法界就是我們的本體。

十信滿心了，就是說信已經入位了，就叫滿了，信心再不會退墮了。這個時候再發心，初住叫發心住。「住」是指不退信心，信心成就了。說到住，一定有個處，住在什麼地方？住五臺山嗎？住在雁蕩山嗎？不是這個。住在什麼地方？住在佛家，諸佛的體，佛的家。佛的家是什麼家呢？就是一眞法界。上來所說的悲智，境智冥契，都是究竟的佛果。現在還沒到，只是住在如來家，不再退心。什麼住在家？心。什麼心？就是菩提心。菩提心爲體，這個體跟佛所證的究竟理體是一個。住在體上，叫如來家。住如來家了，這個家就是體，這體是什麼呢？菩提心，菩提心就是體。

菩提心是總說，約它的義，約它的事業，可以分成三種，直心、深心、大悲心。直心就是我們經常說直心正念眞如，觀自己的法性。我跟我們修禪宗的道友，有時候談起來，他修可是明心見性，那個性是什麼？直心正念眞如，是直心，直心正念眞如法。第二種是深心，深心就是修一切諸善，就是佛所說諸善奉行，樂修一切諸善行，快快樂樂，欣樂去求，就叫深心。三者是大悲心，救護一切的苦眾生。救眾生，沒有簡擇的。沒有冤親債主，不起這個分別，是我仇家，殺害我的，或者殺害我父母的，殺害我六親眷屬的，這是仇家。大悲心就救度這些，冤親不分，不能分冤分親，要平等平等。這種具足這種三種心，叫發菩提心。

每位道友都知道，不論國際上哪個國家的佛教徒，都知道要發這三心，發菩提心。發沒發？不說住了，不說過程，現在我們發沒發？這三心我們發了幾個心？三中有一個都可以，一個就具足三個，有一個必須具足那兩個。直心正念眞如就發明本覺性，跟佛無二無別的那個心，那叫什麼呢？叫本覺的智慧。

修一切諸善法，諸佛成就之後，就是無漏的恆河沙性功德。那麼救護一切苦眾生，這也是恆河沙性功德。既然叫性功德，是沒分別的，沒有一個我能救護一切眾生，一切眾生是我所救護的，有能有所不叫菩提心，要無能所。爲什麼這樣的呢？因爲你發的心是眞如，是本覺的智慧，所要度一切眾生的，積累的一切善業，還是本覺智慧的。這樣就說到，沒有能度者，也沒有被度者，能度的本覺智跟所度的性具本覺智是一個，這三個心就是一個。我們現在講入菩薩位，住十住的初住，這三種合而爲一，這叫菩提心。

這個心是怎麼發起的？是經過信佛之後，修行一萬大劫成就的。從初住到十行，到十迴向，這三十心，中間是有次第的。這個次第不是距離很長的，初發心連佛都成了，就具足三十心。

住了之後，而後他的深心增長，還要修行，要集一切諸善行，要度苦眾生，要觀自己的眞如念，不失念，這叫行。行就是修行。在修行樂集一切諸善法的時候，你得有大悲心！大悲心就是十迴向，十迴向就是增長大悲心。三心就分三個位置，住行向。但是他所要達到的目的，願一切眾生離苦得樂，自身就究竟得成佛果。這三賢位從初住到十迴向三十位，正念眞如的時候是平等的。一開始時候住，住如來家正念眞如。十行，就行樂集一切諸善法。十迴向就發大願了，救一切苦眾生。等到十地菩薩，他是翻過來了，怎麼翻的呢？以大悲願力爲首。因此在這個初地菩薩再發心，再發菩提心，他不起這三個的分別念了，沒有了，三即是一。

爲什麼說一登上初住，就再不退住如來家？菩提心是通的，我們凡夫信還沒具足，你發的菩提心也是一樣的，你不能堅持不能行，發了心哪進進退退，今天發了明天就忘了，早晨發了下午就忘了，發了而不去作，不能堅定。登地的菩薩發了心之後，他是本來具足的，這是他本分的事。所以住如來家，就是住的菩提心家，住覺道的家。因爲有說住處，十住的要有住處，住如來家，家就是家族的意思。這個家非常廣大，也是住法界家，住的是殊勝不思議處。

我們怎麼樣正念眞如呢？眞如就是理法界，甚深廣大。一切凡夫所有的善業，一切二乘所有的眞理，都不是眞的。這要你修眞的，直心正念眞如。也沒有磕頭，也沒有禮拜，也沒有作其他的善事，就這麼一個心念，直心正念眞如。這是念那個一眞法界，不是口，是你心裡觀照，直接契入深法界，甚深法界。這是一發心就勝過凡夫，勝過一切其他的人，作好多的善事，都沒有你發心的功德大，超過二乘。菩薩要修行，要深心，要修行，樂起一切諸善心，不以善小而不爲，哪管一滴滴的小善，這個要回歸文殊師利菩薩教授我們的〈淨行品〉，發一百四十一願，你一舉一動發願，一發願的時候，就包括無邊行相。

例如上廁所，如廁的時候，「大小便時，當願眾生，棄貪瞋癡，蠲除罪法。」就這麼一個上廁所的願，你發沒發？這個願是不是跟這三心結合？這願就是三心。連你如廁的時候，都依著如來的教導，依著佛教導，文殊菩薩教導，在那個時候都當願眾生，這就是大悲心。別受苦了，讓他成佛，棄掉貪瞋癡。如果一天當中，一百四十一願菩提道，你都這麼念，比你一天磕一萬個頭還有用處，就是信不信了。那叫清淨梵行。將來講〈梵行品〉沒有這些名詞，直接入理，直接正念眞如，這是通於理法界。

菩薩所有的行相，指著法門說的。菩薩所有表現的，念念都不失，大悲利眾生，這叫深心。直心正念眞如，我們可以說念念不忘成佛。深心，念念不忘救度眾生苦，因此，甚深廣大。三個心，一個正念眞如，一個樂集一切諸善法，一個普利一切眾生，無礙的。一即具三，舉一就具足三，同是圓融法界，與虛空等。

說發了菩提心，住的地方就住到這麼個地方，這叫菩薩住處，也就是如來家。

直心正念眞如，樂集一切諸善法，救度一切諸眾生，如來家就是這個，住佛家。對於住處，不產生怯弱的心。菩薩所住的，就是發心這個菩薩所住的，就是佛所住的，這個住就是無住的住，這就叫佛家。佛的家就是發大菩提心，大菩提心就是佛的家。住在佛的家，就是住在大菩提心上。眞如，直心正念，悲願，利益眾生。說到究竟，唯佛與佛乃能住。初發心住的菩薩，叫相似住，不是眞實住。登地的菩薩能住，但是一分一分的，不是全住，他得到十地滿了才能住。

彼菩薩住。我今當說。

十住菩薩的這個住，現在就給大家說。法慧菩薩對著法會那些大眾說，從三昧起，現在還是說這法，說什麼法呢？菩薩住，光說菩薩住。住什麼？大菩提心。總說是這樣子，沒有分開。

標十科，解釋前文，第一釋菩薩名。第二明入三昧之意。第三明三昧之力。第四明十方佛來現在其前，與法慧同號。第五明十方佛與力共加，所來的十方佛，大家共力來加持，十方佛的力量共加。第六明毗盧遮那如來往昔願力使然，本土法主毗盧遮那如來，往昔的願力如是，加被法慧菩薩。第七明法慧菩薩自善根力，能入三昧！法慧菩薩自己的修行力量，自己所證得的，所以他能入這個三昧。第八明入定因緣，解釋他入定的因緣。第九明十方諸佛與十智。第十明法慧菩薩出定，演說十住法門。

現在就解釋「彼菩薩住，我今當說」這八個字，這八個字就在十種涵義裡，第一個是釋菩薩名。十信位的菩薩只明他一個信心，相信自己的心，是以信爲首。

十住位的菩薩，他的信心滿足了，能夠住在佛的智慧家，那就說他有了智慧，法慧同名爲慧。他的名字，都叫法慧。都是佛的知見，所以同名法慧，有這種智慧力量。入三昧的涵義，就是入了十信位，十信位滿了，生滅心，在信位當中，還是一個生滅心，相信自己的心，所有過去的分別，就是這個分別心，就是妄心，妄即是眞，就是我們現在所具足這個心，我們在妄中所具足的心與佛的根本智無二無別。

前面文殊師利菩薩所來世界的不動智佛，能分別心亦含著作用，這是不動智佛。但是沒有方便三昧，因爲體還不明，沒起作用。在前面十住位的菩薩，他現在體明了，入住了，發了菩提心，跟十信位的不同。十信位還沒入法性，還不能進入法性！十住位就住了，住在法性家裡。三昧的意思就是生滅心，因爲信解而入住位，方便的三昧，信成就了。以方便三昧進入自己的無生滅的智慧，從信而能修，修的時候就信入了。入三昧就是把一切的染淨，那個是一個攀緣心，現在是眞智，以眞的智慧顯現。顯現就是入了三昧，以這個智慧能入三昧。

什麼叫「三」？「三」就是「正」。我們說阿耨多羅三藐三菩提心，凡是說「三」都叫正。「昧」就是定。「三昧」，華言就是「正定」。正定，沒有昏沈，沒有掉舉、散亂心，昏沈就是沈昏，你打打坐，睡著了，點腦殼。正在這坐著，思惟散亂，胡思亂想，無邊境界的緣都入了，這些都沒有了，叫正定。說無量三昧，無量三昧是正定含無量的方便善巧。修空觀而沒有智慧的話，他生不起大悲大智，他沈寂於寂滅，以寂滅爲快樂。

四禪天，每禪都有禪寂，人間的寂定，這不叫三昧，不是正定的。那個三昧是止息思慮而得的，那就是止息生滅而入定的，那個定是聲聞緣覺的三昧。厭患世間對治一切世間法，離苦得樂。現在這個方便三昧不是了，與那個三昧不同。爲了除一切眾生，迷了自己自性的法界本體。因爲五欲情感而生起的造作心，由這個造作心失去本來智慧，把他根本的定體失掉了，所以要去掉這個妄情。假種種方便法，從眞而起的方便，不是眞外另有方便，這樣得的定，這叫方便定。

一切萬法本來也是無作，無作就是寂淨義，一切法無作也無願，無作無願入了般若的空解脫門，這樣的三昧，知道萬法無作，本自淨緣。本來自己本具足的，就是我們每個人都具足，無作的智慧，但是不顯現，沒有力用。那假方便，方便就是修，就是佛所教授的方法。天人外道，小乘、中乘、大乘，三乘的因果都有所作，所以他就不能入華嚴一乘法門，無住無作任性法門，任持自己的自性。因這個而生起智慧，這叫稱眞法界的智慧，一眞法界。於一切眾生前，所現的那個體，那個體是無相、無來、無作。雖然也現一切三世的業果，但是他不住三世。不住的意思是靠什麼力量不住呢？三昧智慧，用法界的理、法界的智慧來運作。修行欣厭的法，欣法的理體，這種三昧的力量。

這種三昧的力量，其力有五種。第一是定體淨欲偏周力，定體是清淨的偏周十方。第二是定能顯智慧同佛力，定中所顯現的智慧，同於佛力齊等。第三是定能同佛身相名號現前力，他的定能同於佛身，名號，現前有這種力量。

第四是定能契佛所知見，得諸佛共所加持力，入這種三昧，定能契合佛的知見，得諸佛共同加持的力量。第五是定能生如來家，爲眞佛子，住佛智慧力，就是法慧菩薩入的這個定，說這個十住法門。這個定體能夠把一切欲境除掉，欲偏周十方。以無作的體，產生一種智慧，這種智慧能夠清淨一切妄。入定的當中，把你的身和心同於虛空，偏周虛空法界。定的體，我們每個人都具足的，我們這個法體跟佛無二無別的法體，就是我們定不下來，體不顯現。現在還沒有這個力量，我們懂得了，我們要去修，發菩提心，將來我們也能得到，得到這個定，他的智慧同於佛力，不假分別，不假作意，那叫無作、無相、無爲。這叫自然慧，法體本具足的智慧。一切眾生都具足如來智慧的德相，「爲迷境情起，緣五欲心障故。」我們現在不能起作用的原因是什麼呢？迷了本性。

這種道理我們可以假個方便來顯示。人很清醒的，你看那一幫喝酒的，坐在那喝酒的時候，都很清醒的，感一會兒喝醉了，不清醒了，胡言亂語，什麼都說，爲什麼？迷了，這是妄中迷了。或者吃一種藥力，迷了。或者病苦折磨的，發高燒，胡說，迷了。這個迷還是把妄都迷了，何況我們對眞呢！入這個定，能夠顯現智慧跟佛力同的，跟佛一樣的。一切眾生都具足這種自然的智慧，現在迷了，迷了境了，起了情了。如果在人間，經常說這個人有正義感，有感情，在佛教反對這個，因爲這種感情是迷的根本，不是好東西。情不是智，智慧就不同了，那你有了情，就沒有智慧了。

我們經常說，做什麼事，你理智一點，不要感情用事。說的很好聽，叫人家理智一點，不要感情用事，他在說這個話，就是在感情用事，沒有理智。懂得這個道理，你就知道了，我們雖然具足自然的智慧，跟佛無二無別。迷境情起，把現前境界迷了，所起的都是情。一有情了，攀緣五欲。本來無障的，自心起自障，墮落，就叫眾生。這種定，同佛身相名號現前力，所以那麼多的法慧諸佛，同名同號。這是顯什麼呢？顯法身本身的智身，清淨無爲，與一切諸佛的法身智慧合了。所以十千諸佛，乃至佛刹微塵數那麼多諸佛，同名法慧，都現在法慧菩薩定前。

爲什麼？智慧契會。諸佛的智慧跟法慧的智慧，契合。法慧的知見同佛的知見，所以諸佛跟他同名，名爲法慧。好多諸佛，千佛刹微塵數，表示我們一切眾生的智慧，智慧升降，在修行當中就有萬佛刹這麼多，微塵這麼多，這是在住位。後面講十迴向位，就不是萬佛刹，而是百萬佛刹微塵數，加一百倍。智慧上升跟迷的情境，現在我們有好多煩惱，就這樣對治。若悟了，刹塵佛國，若迷了，刹塵煩惱。定能夠跟諸佛契合，契合佛的知見，我們看什麼問題的看法跟佛看的相同。

因此法慧菩薩入這個定，感到諸佛的加持。諸佛加持他，令一切眾生聞這個法，看著法慧菩薩入這個定，不起懷疑。令十信滿了入住位的人，心得安隱。毗盧遮那佛以這為師，師弟加持，法慧是佛的弟子，毗盧遮那佛加持，這是毗盧遮那佛的本願。神力加持，法慧菩薩跟毗盧遮那，同一神力。自己的善根加持，自修方便定。因為在這個本性，一眞法界，沒有一個定，沒有一個不定，所以說是方便。

在體上沒有這一說，是因為利生，說這個法的方便，這叫善巧。而入這個定，這是本有的智慧，在《楞伽經》上說，楞伽常在定，沒有入定，沒有出定，沒有住定。這是顯法，為了利益眾生，說方便善巧，從本智慧而生起的。因為這一法跟十方的諸佛同故，所以都叫法慧，沒有什麼障礙。這個定就說明了生如來家，是眞佛子。我們現在假名佛子，不是眞佛子。受了三歸的都入如來家，那入如來家跟十住菩薩入的如來家不同，我們沒見著法性的本體，還沒悟到自己的本體。如果能入這個定，生如來家，這才叫眞佛子。為什麼？以佛的智慧力而生，以無作為定的體，顯本來的智慧。

我們解釋這八個字，說了這麼多，是不是能夠明白呢？「彼菩薩住，我今當說。」現在所解釋的就是菩薩住。這是簡略的解釋。法慧菩薩自己又解釋菩薩住，解釋什麼叫菩薩住？怎麼樣住？以下看經文。

諸佛子。菩薩住有十種。過去未來現在諸佛。已說。當說。今說。

法慧菩薩跟在會的大眾說，諸佛子，菩薩有十種住，三世諸佛都如是說。何者爲十？哪十種？

何者為十。所謂初發心住。治地住。修行住。生貴住。具足方便住。正心住。不退住。童真住。法王子住。灌頂住。是名菩薩十住。去來現在諸佛所說。

過去諸佛不說了，現在諸佛跟未來諸佛都如是說。三世諸佛所證得的佛果，都因爲十住而成就的。這個十住是因，過去諸佛現在諸佛，還有未來未成諸佛，都是修十住的因而感的佛果。「如大王路，法爾常規故同說也。」這個菩提道，這種常規，都如是同說。那就一個一個解釋，這只是標名。

這個十住的因，怎麼樣成就佛果呢？是因爲十住的因，發了這個心，而就要修。「大王路」，「大王」指佛說的。都發菩提心，行菩提道，菩提道就是大王路，佛的道路。「法爾常規」，這是自然的，一切法都如是，這是同說，一切諸佛都如是說。

第一是初發心住，發心住是上進分善根人，一劫一劫的修行！從他住初住，是經過十信，光修一個信心，修了一萬劫。一萬劫，那是億億萬年，有人算過，我們說一個小劫的時間，就是從人的壽命十歲，一百年增一歲，一百年增一歲，增到人的壽命八萬四千歲，這是一增。再一減，從八萬四千歲過一百年減一歲，八萬四千歲減到人壽命十歲，這一增一減爲一個小劫。一千個小劫爲一個中劫，一千個中劫爲一大劫，就三大阿僧祇劫，就是小中大。這一萬劫，你算這個年限，這一增一減、一增一減，才是一個小劫。

我在美國，有的道友算過，有年限的，後面的零可多了，億萬萬年。這個時間是很長，但是在《華嚴經》上講，時無定體，依法上立，沒有一個定體，沒有固定的。法是什麼呢？依你的心，一念發心超過了無量大劫。一念心可以延成無量大劫，無量劫回歸一念心，這也是華嚴義。所以善根的人，乃至求佛果上進的人，他發心的時候，或者經過一劫，或者經過兩劫。那時候是行十信心，十信心就是信三寶，相信三寶常住。相信般若波羅蜜多的法門，八萬四千般若波羅蜜多的法門，八萬四千就是所修行的一切法。「修信行滿，入位不退。」行十信心相信滿了，入了位不退，這個住就是住空性位。

在《仁王護國經》、在〈大乘起信論〉，就是一萬劫，經常說十千劫，十千劫就是一萬大劫。修行信行滿了，才能入到這個發心住，位不退。其實這個一萬劫不是固定的標準，有的人他信了佛，他就能直接正念眞如，直接就能修行。他剛一信佛，或者遇著《華嚴經》的〈淨行品〉、〈梵行品〉、〈普賢行願品〉，三級跳的。像善財童子，他半劫也沒經過，一生就成就了。位不定的，這是指一般說的。或者在一個佛所，或者在無量佛所，或者經過一劫時間，或者經過兩劫時間，乃至很長時間，修行十信心。信什麼呢？信三寶常住。我們這個信心就是信三寶，信佛、信法、信僧。相信佛法僧三寶，假這住世三寶，要相信自己的自體三寶。這個信心指著相信自體的自心三寶，自性佛法僧，不是向外求的。什麼叫信心呢？信你這個心，自己的現前心，就是佛。換句話說，就是信你自己的法性，信自己具足的一眞法界，與佛無二無別。

建立這麼一個信心，這是理。在修行信心的時候，大家都剛開始。歸依三寶，不歸依三寶不能稱佛弟子，受了三歸了，五戒更深了。五戒、八戒、十戒、二百五十戒、三百四十八戒、十重四十八輕戒、六重二十八輕戒，全算上，這才是有信了。信了必須得受三歸，其他的戒不說，三歸必須得受。

歸依佛，在你受三歸的時候，師父會給你講的，相信自性（心）的佛。歸依法，相信自性（心）的法。歸依僧，佛跟法和合就是僧寶，相信自性（心）的僧寶，這是修行信心。發心了，從信心開始講的，信滿了才入住。這個要相信自己，自己的佛法僧三寶，常住的，不論你墮到哪一道，乃至墮老鼠，墮螞蟻，墮多微小的，自性三寶永遠在。這叫發心住，發心住是從你十信心，信三寶，學波羅蜜法門，修一切行，修一切法，悟得了，進入空界。

住是住在空，〈梵行品〉是講空的。不要把一切法當成實有的，一切法如幻，如夢，如水泡，是影子。我們這是講住，信滿了的時候，入了初住，是位不退的，不退到六道輪迴，直至成佛了。發起來大心，這個發菩提心呢？叫發心住。發菩提心，住如來家。三種發心，直心正念眞如，樂集一切諸善行，大悲深心廣度一切眾生，這叫信成就了，發菩提心。這個住叫發心住，一發心就住如來家，如來種性。

第二是治地住。「地」是指什麼？心。凡是說地的，都代表你的心。我們念《地藏經》，「地」就是心地，「藏」是含藏，說你這個心地含藏著，就是地藏菩薩，他所作的都是你心地所含藏的。治地就是練治心地，先把你的心練好，常常使你心一塵不掛，萬法皆空，這就淨心了，清淨什麼都沒有。不但惡沒有，善法也不存在，善是對著惡說的，沒惡了善法不存在了，就這個涵義。先把你心治理好，怎麼樣來鍛鍊，治你這個心，使它的大悲大智繼續增長，放出無量光明，把你本有的無漏性功德發揮出來。現在我們是迷了，住位菩薩剛剛覺，不是怎麼深的，還得修四十一個位置，修四十一個地位，十住、十行、十迴向、十地，在《華嚴經》多一地十一地，其他的經論都到十地，《華嚴經》講十一地。這個時候善巧方便生出智慧，觀空，觀有。有的是隨眾生緣，觀空是隨著自己的性體，體性是空的。這叫眞正的修行，入了住的菩薩，依著菩提心修行，是真正修行。

生如來家就是生佛法家。隨俗諦的緣，怎麼隨緣呢？真隨俗。佛法在世間不離世間覺，覺隨俗諦緣，真諦隨順俗諦，這時候成就般若的智慧。般若智慧就是你的心不動念，有智慧故心不動。

入無生畢竟空性，心常時空、無相、無願。在無相無願的時候，心空的時候，止觀雙運，觀一切法，在一切法上不起分別妄念，這就是「觀自在菩薩行深般若波羅蜜時，照見五蘊皆空。」但是緣並不壞！不壞緣才能依著法性的理體，隨眾生的緣，但是心不顛倒，心不生倒見，絕不起邪、魔、外道，凡是破菩提心的，一律不起，不起這個念。不是有這個行為，到了行為上，那錯的很遠了。從法王教生解，一切依著佛所教導去作。

前面九住，都是觀空的。一觀空，得了無生心。一切諸法無生，無生心，這是最上的。這就得到佛給你灌頂，這就住了，住如來種性。任運而起行，任運而起向，任運而起迴向的向，任運而入了初地的菩薩。到了初地菩薩再發菩提心，那個菩提心跟初住的發菩提心又不一樣了。

這個我們是大略的解釋，若是開闊的講，得多深入學教理的人才能接受。這個在華嚴義上是根本的。前面是方便，從初住發菩提心，從發菩提心到究竟成了佛果，為真佛子。第一個他不退，沒有任何顧慮，心裡空的。我們顧慮太多了，一下墮落三界，一下我又犯戒了，去求個懺悔。一下心裡又跑了，我們心不住，這個住不住就說心，心定不下來。

在初住裡講很多的教義，四教、五教、賢首、天臺，乃至於唯識，賢首是本門，其他的都引證一下子，這個得深入教理的，才可能開闊的廣泛一些，之後還按唯識講六離合釋講十住問題，我們都略過了，就按《華嚴經》講。這個還講種性，習種性、性種性、道種性，這個解釋就多了。現在我們就依著住來講，講第一個發心住，什麼叫發心住？什麼涵義？剛才不是講了十住嗎！第一個發心住，就是發菩提心，法慧菩薩就給大家講十住。

◎說分

第一初發心住。

佛子。云何為菩薩發心住。此菩薩見佛世尊。形貌端嚴。色相圓滿。人所樂見。難可值遇。有大威力。或見神足。或聞記別。或聽教誡。或見眾生受諸劇苦。或聞如來廣大佛法。發菩提心。求一切智。

這是法慧菩薩從定起來，主要是說十住法門。講發心必須得有緣，發心的時候是因，這個因沒有外緣促成了，怎麼能成功呢？成不了功。例如修大殿，這只是發心，得有緣哪，第一個緣得有人捐錢，沒錢你能修得起嗎？有了錢了，就能把大殿修起了？修不起來，必須還得有人支配這個錢。怎麼修？

前兩天如瑞法師從太原到北京設計院，修大殿還得先畫個圖。拿這個例子，修行比這個困難得多，在世間上修個像，修個廟，比這困難得多，這是成佛！比戰場上作戰還厲害，自心跟自心打，敵人在哪？敵人就是自己，兩方面都是自己。這個仗很難得打，打不清楚。善心跟惡心，守戒跟破戒，你心裡想靜、想空，它就是空不了，一下這個妄想來了，一下那個事又來了，空得了嗎？都在自心裡。我不過點一下子，每個道友都知道，你心裡一天在想什麼，一天在那打仗嗎？懈怠跟精進一天就在打，唉！身體太疲勞了，我該休息一下子，請個假。說我有病，裝病號的特別多，這就是假的。

從經的正文沒法進入，我們用小的來引證，你想修道跟不想修道二者之間，修道是很痛苦的。人家派你去作你不願意作的事，你苦不苦？比什麼都苦。你願意作的事，不能去作。你不願意作的事，必須得作，這就鬥爭。我們一個心要去攀緣五欲，攀緣世間境界，另一個心說不能作，我是修道的人，我要成佛，這兩個在心裡就打起來了，你勸都沒法勸。凡是自己心，就是我們所說的七上八下，七個要精進，八個要懈怠。遇著每一件事物上面，遇到了，你那心住不住了。我們能保持一個信，讓它能夠不退，根據自己所信仰的，往前去作。能有這麼個固定的心，能夠達到發心住。現在就發心，我們雖然沒有發心住位，現在就發菩提心，要利益眾生，要行一切諸菩薩行，我是萬善奉行，一惡莫作。哪管一點小惡我都不去作，所有善事我都滿足去作，要鍛鍊。

什麼是萬善？不是跑社會上去作好事，不是這個意思，你能夠心靜，坐這兒先把心練練，沈靜下來了，什麼也不想。之後打開經本，你要修《阿彌陀經》，修極樂世界，求往生的，就念佛。如果其他的念頭來了，用念佛的念頭，把別的念頭打出去，這也是作戰。說我的心很散亂，佛教導的方法也很多，對治散亂的方法。你把〈淨行品〉背熟，從早上到晚上，一百四十一願你超不脫的，裡頭都有。每一舉背一個，每一舉記一個，一出門上下路，邪路彎曲，你在那裡拐個彎，你也念，那是邪路！如果你把一百四十一願背熟了，一天腦子裡全是文殊菩薩大智慧。久而久之，你自然就信心成就了，也入了住了。

這時候你依著文殊智慧的教導去發心，一發心就是發心住，就住在如來家，學著善財童子五十三參，他就是這麼參的。我們這裡頭好多讀華嚴的，五十三參都讀的很熟了。他在福城東見了文殊菩薩發心，之後文殊師利菩薩教他參。那裡頭也沒有受五戒，也沒有歸依三寶，也沒有什麼菩薩戒、比丘戒，都沒有。他參一位入一位，參一位成一位。一見了文殊菩薩，十信就具足了。從十住，參德雲比丘，開始發菩提心了，不要把自己看成了業障很重，道友經常說：「我業障很重。」我讓他拿出來，他拿不出來，什麼是業障？根本沒有。這種觀念哪，如果是怕，別再造業了！業障很重，學華嚴的不可取，不要這樣子。沒的業障，就發菩提心，菩提心把我的業障都消了。盡想菩薩的智慧，想菩薩的聖境，比你想業障不是好得多嗎？一樣用心，何必想那個去呢！勇往直前，學文殊的智，學普賢的行。學華嚴的，心量大一點，別把自己局限的小的不得了，在普壽寺就看見普壽寺，就看見一個山西，就看見一個中國，就看一個小小地球。坐太空梭到月球上旅遊一下子，到火星上旅遊一下了，看看地球什麼樣子，看看世界什麼樣子。我們打開《華嚴經》看看那個境界，可不是我們一個小太空，無量無億的星球。

心量放大一點，別把自己局限的很小，一樣修行，一樣用心，爲什麼不修大的？嘀嘀咕咕在那小的去作，也作不成，一天不是犯威儀了，就是犯戒了，大戒不犯，小戒不斷。沒有個什麼破，沒有什麼持，經常觀自己的本性，直心正念眞如。學華嚴的得有華嚴的氣派，這就是華嚴的氣派。如果你的心量這麼大，什麼事都沒有。我說什麼事沒有，看破、放下、自在。把自己局限的很小，什麼看不破，那就什麼也放不下了。

你放不下，怎麼提得起來呢？看破、放下、自在。就念《觀音經》都很好，看你怎麼用心。〈淨行品〉學之後，先把心靜一下，說我散亂多，一定把一百四十一願，你念每個願，就感覺文殊師利菩薩加持我。吃完飯了，「飯食已訖，當願眾生，所作皆辦，具諸佛法」，我所作的全是佛事，全是佛法。吃完飯了你發這麼個願，這四句話，耽誤不了你一分鐘，一作意就可以了。你能把〈淨行品〉都作了，那就是文殊師利菩薩告訴我們的，「善用其心」。那就是智首菩薩問，怎麼樣能成佛，就這樣一天用心，善用其心，就成佛了，這是華嚴主要的。

現在我們講發心住，要這樣的發心，才住得住。我們住不住，我們叫什麼呢？毛道凡夫。小小一點風，不曉得把你吹到哪裡去了，一點境界風，說你幾個不好，你根本沒這個事，道友故意找麻煩，給你反應一下說你怎麼壞，怎麼壞，你根本沒有！如果滿不在乎，誰愛說什麼說什麼，心裡清淨坦然，什麼都別往心裡去。聽到兩句話就哭了，特別是女道友，愛哭得很。心量大一點，放開一點，學華嚴的，沒有這個氣派，沒有這個心量，你學不了華嚴。

前面講的都是玄義，現在講正式的經文「發心住」。

先說發心的緣。「佛子」是法慧，稱讚所有來法會的諸菩薩。前面所說的發心住，什麼叫發心住呢？現在就開始講這發心住，發心有境界的因緣，十緣四因，先為信、悲、智、種性，這四種是因，還得假十種的因緣，緣能促成。什麼緣呢？就是發心住的菩薩，他見著佛的這個報身，形貌的莊嚴，色相的圓滿，人所樂見的。這個報身之中的化身，就是釋迦牟尼佛在印度三十二相，八十種好。盧舍那報身的相貌，那就更比這個化身的圓滿的多得多了。但是這個所說的，還是說的化身，因爲法在人間，人間的說法。一切人所歡喜樂見的，但是佛是難得值遇的，佛有大威力。或者聞佛的授記，或者看見佛的神通，或者聽見佛教授的教誡，或者是見一切眾生受種種苦難，因而發心。或者聞如來廣大的佛法，知道發菩提心就能求一切智慧，發了心了就能成佛。

先講形相。顯現佛所具足的果報的身，什麼果報呢？就是他無量劫修成的、利益眾生的、再加自身修行的，這些果報感召佛的形相殊特。我們所說的三十二相，還有八十隨形好。佛不是常住世間的，不曉得多少億劫才一出現。這得自己的福報因緣，如果沒有這個福報，就遇不見。像釋迦牟尼佛入滅之後，彌勒菩薩降生。這個中間的距離，如果以年限說，幾十億年，非常的長！佛一出世，使無量眾生得受利益。因此才說難遭難遇，難可值遇。

同時顯現佛的十力，或者四無所畏，降諸魔，這是佛內契的功德，佛現種種神變，種種神通。乃至利益眾生現的神變、現的神足，這是外用。同時，如果能夠見佛聞法得佛的授記，授記佛說了，因爲修行功力，將來一定能成佛，成就什麼世界，佛號叫什麼名字，這是授記。

聽教誡，我們現在是佛不在世了，我們是從佛所教誡的，記載在文字上，就是經。經上所教授我們的，讓我們知道惡，惡要斷的了。知道善，善是讓我們進修的了。

讓我們信三寶。見苦難的眾生，要起大悲心。因爲我們內具的內因，過去宿世所種的、所具足的內因，因爲聽教誡的，佛所教授我們的，就給我們組成內緣。見著一切眾生受苦，這也是緣，啓發我們的大悲心。有這個大悲心，這就是發菩提心的，樂集一切諸善行。

聞法的時候，所說的都是佛的功德，佛的功德怎麼積聚的呢？因爲說法利益眾生。讓眾生怎麼樣學、怎麼樣修，怎麼樣信。在法滅的時間，我們現在都是法要將滅的時間，能夠護持正法。住持正法要有智慧，住持正法是爲了利益眾生，讓眾生得度，這就是大悲心。要具足這種因緣，才能發起菩提心。假這種因緣發起菩提心，這叫十住的菩薩，初住菩薩叫發心住。我們雖然沒有因緣見著佛住世，但現在我們能見著佛的相，這有佛緣。雖然沒有聽到親聞佛所說法教誡，但是有三寶傳播，有僧寶傳揚佛法。我們現在所幸遇的，有法可聞，有佛像可以禮，有僧寶可以傳聞正法，因此，我們才發菩提心。此菩薩十種難得，難得是什麼？難得的是法。發心住的菩薩，緣十種難得的法，而發菩提心。何者爲十？

此菩薩緣十種難得法。而發於心。何者為十。所謂是處非處智。善惡業報智。諸根勝劣智。種種解差別智。種種界差別智。一切至處道智。諸禪解脫三昧智。宿命無礙智。天眼無礙智。三世漏普盡智。是為十。

這十種是我們所緣的境界，緣境而發心。求成佛，就是求一切智。一切智就是我們念這十種智，這都從一心的十智而發起的，有的在其他經論上這叫十力，佛的十智就是十力。我們說發菩提心的心，就是這個心，你把這個心修成功了，成佛了。這個所說的就是佛的十種智，又叫佛的十力。

佛子。此菩薩應勸學十法。

發菩提心的菩薩，勸一切眾生學習這十種法。何者爲十？

何者為十。所謂勤供養佛。樂住生死。主導世間令除惡業。以勝妙法常行教誨。歎無上法學佛功德。生諸佛前恆蒙攝受。方便演說寂靜三昧。讚歎遠離生死輪迴。為苦眾生作歸依處。何以故。欲令菩薩於佛法中。心轉增廣。有所聞法。即自開解。不由他教故。

我們現在距離發心住還很遠很遠，我們這個發心不是眞實的，因爲我們沒有見性。菩薩所學的十法，依這個學習，使我們能夠精勤不懈的供養佛。他說發菩提心，樂住生死，在生死中，要歡歡樂樂的、愉愉快快的。沒有求生極樂世界，也沒有求生十方淨佛國土。要度眾生，在生死輪轉當中，主導世間，給世間眾生作主。作什麼主呢?讓他們行善除惡,這就是度眾生。開導一切眾生,令他們把世間一切惡業全部除掉,「以勝妙法常行教誨」。

「勝妙法」就是佛所說的教法,以勝教法歎,「歎無上法」專指《華嚴經》說的。無上法就是心地法門,發明自己的本心。這個我們在十信位講,你得先信這個心,信心是佛,相信自己的心,信心已經滿了。滿了之後,再發菩提心。我們那個心是眞心、是眞空的,跟佛無二無別的,還具足無漏性功德的,不是虛空那個空。那把這種所有的義理、所有的信仰,主導世間,讓一切眾生把惡業都除掉,讚歎佛所教誡的無上法門。佛在這個路上怎麼走的,這叫佛依著菩提路,走的是覺悟的道路。佛所走的道路都是覺悟的,讚歎這種法,還是發菩提心的意思。

學佛的功德,希望生到佛住世的時候,莫要生到末法,生到佛前,得到佛的攝受了。我們以方便演說寂靜三昧,前面講方便,方便就是善巧的意思,不是從一個法門,不是執著,執著進入不了的。要用方便善巧達到目的,我們信我們這個心,之後又發這個心,之後又成就這個心。讓一切眾生都如是說寂靜三昧,法慧菩薩是十住的會主,十會菩薩都如是說的,一樣的。法慧是會主,方便善巧的演說。寂靜三昧是法慧菩薩所入的三昧,現在他從三昧起,用方便善巧。發心住菩薩自己是樂住生死,但是教化眾生的時候,勸眾生的時候,遠離生死,脫離生死,不受生死輪迴轉了。發心住的菩薩就給一切苦眾生,作歸依處。

「何以故」？什麼原因？「欲令菩薩於佛法中，心轉增廣，有所聞法，即自開解，不由他教。」這段經文初開始，想求聖位，自己就勤策勵自己，也勸一切眾生，又勸他，他就指一切眾生。學習，學什麼？學大悲、學智慧。供佛的目的，供養，對一切眾生，就是布施。供養當中，有財供養、有法供養，要具足二種供養。法供養給眾生說法，眾生苦難，缺乏財物、缺乏衣食，供養眾生的衣食、供養眾生的財物。這只是一個布施度，舉這麼一個例子。以大悲心，以大智慧的慧力，智悲雙運。寂靜三昧就是定。定能生慧，以智慧來化育一切眾生。

爲什麼說「樂住生死」呢？要度眾生必須得生在苦海裡度眾生，生起這種大悲心。給眾生說，一切諸法如夢幻泡影，要有你智慧觀察一切諸法皆空。無所畏懼，在生死苦海當中，發了菩提心的人，無所畏懼。本來沒個樂，也沒個苦，說以法的義理，離苦得樂，說一切諸法，如夢幻泡影。苦樂是眾生的執著，沒有智慧，沒有智慧就造業，造業就受苦。業苦相連的，「樂住生死」是指著菩薩以大悲心了解了，眾生不了解在生死苦海，發菩提心的人了解。了解什麼？了解空義。

我們經常說，如夢幻泡影，這些菩薩發了菩提心的人，他把一切法，不但了解了，而是證得了，確實就是如是，如夢幻泡影。如夢幻泡影，有什麼苦？有什麼樂？樂也是夢，苦也是夢，像水泡似的，看著有，實際沒有。但是你必須了解空義，必須得有智慧。「樂住」是指這樣說的，樂住生死是因爲沒有生死。但是發菩提心的菩薩，發心住位的菩薩，已經修了一萬大劫，他的信心滿心了，在生死苦海裡頭，流浪的很多了，他把這個事久熟了，他懂得了、明白了、證得了，生死苦海就這麼回事。但是眾生不行，眾生不明白，眾生的苦是眞苦，這些菩薩發了菩提心的，是以大悲願力爲主。而且自己智慧明了，所以無所畏懼，所以說「樂住生死」。我們可不要發樂住生死，樂住生死掉到苦海裡，那就苦了，苦難重重。我們沒有到那個位置，信心還不夠，還沒到發大菩提心。大家回憶一下，修信心的時候，一位一位的，感到發心住的菩薩，一發心就能示現百界成佛。

說「樂住生死」，住的目的是教化眾生。而菩薩本身住無所住，住佛家，住的是智，住的是空，這樣住。這個住是無住的住，不是我們住到我們屋裡頭，我們住到我們廟裡頭，不是那個住，這叫發心住菩薩住無所住。所以令一切世間，把這個惡都除掉，以勝妙的法常時教誨眾生，這位菩薩所以樂住，這樂住是用這個微妙的法，常時教化菩薩，教一切眾生，他是這樣樂住生死的。

我們要是樂住生死，貪戀人間的榮華富貴，那就糟糕了，苦就來了。他住在人間，樂住生死當中，是勸導眾生，學佛的功德，除世間的惡業。自己樂住，但是他勸一切眾生，可要離生死輪迴，不要他們樂住。你樂住，沒有這個本事，你不要住，趕快到淨佛國土。他的樂住是行菩薩道，主要是讓一切眾生發菩提心，離開一切世間，目的是以理法界爲主。

前幾天我們講理法界、事法界，這個是理法界的法。同時，剛才講佛的十力，說佛十力，這是果。在果德上，是讓我們發心欣求，求到佛果，發心成佛，發菩提心、行菩薩道，指究竟成的佛果。同時，你這惡業怎麼能除？學佛的功德，怎麼學？看看佛教化眾生，行菩薩道的時候，積德。六度萬行都是佛所行的，積德。行道有得於心，說修行當中，你心裡得到，就是心裡轉化，悟了。迷了是都沒有了。利益眾生的事業都叫德，行利益眾生的事業跟自己心性契合了，就叫德，行道有得於心，達到了。你要想成道，要想修德，照佛的修行，你得生在佛前，不要生到佛後，生到跟佛同世，親受佛的教導。

同時，要定慧均等，法慧菩薩用方便三昧而生起來智慧，於一切法自在。一切法自在了，上求下化。他這個上求已經達到頂點了，就是下化一切眾生。要想求寂靜，入方便三昧，要遠離生死輪迴。化導眾生，菩薩住世間的時候，他是沒離開定的，不受世間生死輪迴之苦，證得了智空，這樣的樂住世間，不受輪迴生死苦海。你得到方便三昧，超離生死了，超離生死輪迴了，菩薩教授一切眾生的方法，願眾生都能跟他一樣的，遠離生死輪迴。我們遠離生死輪迴，必須生到淨佛國土，成了佛道。這些大菩薩就在生死輪迴當中，他也遠離生死輪迴。這個涵義，應當多用觀想觀照，不要失掉大悲心，不失悲故，才能給出一切眾生作依靠、作依賴。

我們一聞到佛法時就受個三歸，歸到佛處，住如來家，什麼叫住如來家？因爲諸佛菩薩大悲心，具足大悲，所以才跟一切眾生作所依。眾生受了三歸，依著佛所教導，就依著佛修行，修到發心住的菩薩，住佛家。總的說，諸佛菩薩所作一切的事，都是爲了眾生，讓眾生離苦，讓眾生證得，這叫大悲心增上。讓我們遠離生死，而諸佛菩薩處到生死當中，他也無厭，他不厭煩生死。他可勸眾生都離開，這地方苦得很，不是你住的。爲什麼？他自己沒有束縛了。他在生死當中是解脫的，不受生死的局限。像我們三寶弟子，在人間是有苦難的，但是跟不是佛門的弟子，跟一切眾生比起來，他就愉快的很。大菩薩勸一切眾生，離開苦海，去修寂靜，遠離生死輪迴。而他自己樂住生死當中無厭，不厭煩的。

大菩薩自己無縛，沒有生死的束縛了，沒有縛的纏繞捆縛他，才能利益別人。如果自己綁著，被人綁著，還要去把別人的綁繩解開，怎麼解？你自己還綁著呢！自己自自在在的，看著那綁著的人，被人束縛捆綁起來，你才過去一個一個給他解脫，得了解脫了。自己沒有束縛才能解救眾生。有大悲必須得有智慧。沒有智慧，大悲起不到作用，你沒有力量，必須得智悲雙運。

現在我們也發了心，跟著佛學的慈悲，看著人很多眾生的苦難，我們作不到。你這個慈悲是空的，這個空跟佛的智慧空不一樣的，空的就是你辦不到。自己沒得到解脫，幫助別人解脫，辦不到。有了大智慧的悲心，才樂住生死。集大悲心的智慧，才遠離輪迴。有了智慧的大悲心，你可以樂住生死。這個悲心是有智慧的，以悲心的智慧，願一切眾生，給眾生說遠離輪迴。智在前，或者悲在前，有智慧的大悲，是樂住生死。有大悲的智慧，是遠離輪迴。

菩薩厭離生死，超過二乘人百千萬倍，這句話是〈瑜伽師地論〉說的。菩薩並不是不厭離，因爲大悲大智促使他利益眾生，他必須得住在眾生當中。這樣大菩薩不離生死而入涅槃，這叫生死即涅槃。他本心的眞心不動，說文言一點，不動眞際，常隨流轉。本身的性體根本就沒動，常時在定中，但是隨流轉的轉，隨流轉的生死。這裡頭有個問號，常時住在生死，樂住生死流轉，又怎麼能生到佛前呢？你在生死當中輪轉，怎麼能生到佛前？怎麼能生到佛在世呢？這有三種解釋。一者，爲誘導一切眾生。二者，要行方便善巧攝受眾生。三者，發心住的菩薩，他的悲和智慧無礙。

樂住生死，爲了攝受眾生的方便，在生死當中容易引誘眾生得度。因爲自己已經發了大悲心、發了智慧心，發了菩提心，他無障礙，不作障礙了。發菩提心，直心、深心、大悲心三種具足。這就說他所發心的，成就實智，沒有實智怎麼能示現百界作佛？初發心時便成正覺，所以他能百界示現作佛。他能在這個相似位，三十位：十住、十行、十迴向，這三十位都是相似的證入眞理，而實際還沒證入，眞正證入得初地。

清涼國師解釋的意思，主要是不離開世間，樂住世間利益眾生。菩薩在世間，勸度一切眾生，你們都要修淨土因，得到淨土果，求生淨土，這是一個問號。引導眾生故去生淨土，而自己沒求生淨土。就像一個人，看見別人墮到水裡了，掉水裡去了，自己又不會游泳，他想救度眾生怎麼救呢？或者找個竹筏子，或者找個木頭接引。

假使他自己也去，那淹死了，不但救不了別人，自己也淹死了。這些大菩薩在這三界之內，不被三界所淹沒的，他有本事了。菩薩以大悲心，樂住世間，以智慧心，勸一切眾生求生淨土。因爲他已經有了悲智雙運，解脫自在。他住世間是權，就是前面講權智、實智，以實智而起的權巧方便，他要在這世間樂住。另外，他已經證得實際，不會受世間所淹沒了，增勝他的廣大心。佛教講一切法唯心，我們說唯心主義，發菩提心的，全部是唯心。因爲證得這個心，證得實性了。

〈大乘起信論〉講熏習，在三寶熏習之下，把自己熏變了，解脫了，了達心的境相，就是悲智，這是心的境相。了達心的境相是實智，這個悲智是方便，法慧菩薩講這個是方便。知道一切法，即是自己的心，即是自己的體性，這是約證得說。既然知道一切法即是自性，這叫依著這個心而發的菩提心，依著這個性而發的大悲。

第一個是直心正念眞如。因爲直心正念眞如故，證得這個性，證得眞如而生起的深心，修一切諸善法。修一切諸善法，必須得有大悲心，利益一切眾生。三心是一，具足了說，發菩提心。雖然你發了菩提心，但是行道當中，利益眾生當中，只是發心住的初發心。對那些大菩薩，像文殊、普賢、觀音、彌勒、地藏，那些大菩薩的威力，他從心上所起的方便、善巧作用，初發心的菩薩還距離很遠。所以還必須得聞法，學習方便善巧，知道自己的種性，自種生，知道自己本具的心發明的是自種。一切諸佛都達到無師智，這個是老師指示不出來的，得你自契。自己契合自己的本心，這叫自種生，不由他。

爲什麼還要聞法？爲什麼還要修行？這就是方便善巧的啓發，啓發什麼呢？啓發自己的本性，沒有方便善巧聞法，各種善知識教導的話，你那本性開發不出來，雖然具足，遮蓋了，用不上。所以，要由菩薩的指導化度。我們這個心性得要自己去悟，得要自己去證入，不是由師得到的。那爲什麼還求師呢？還求善知識？雖然本具，你還沒經過開發、沒經過學習，沒經過鍛鍊，你挖不出來的。

昨天我一個小徒弟，他是挖煤的，我說：「我挖過雲母礦，挖過石棉礦，也挖過煤。」爲什麼？勞改犯必須得作的。從那裡頭，你可以體會到，我們這個眞性是不錯的，怎麼把他拿出來可困難了。挖煤還好，一挖可以上千噸，上多少噸，挖雲母可不是這樣，挖石棉不是這樣。在石頭裡薄薄的一層，上下都是石頭，要從中間把石棉取出來。我們作石棉衣，跳到火坑裡，絕對燒不到你的，是絕火的緣。還有挖雲母礦，我們看那小玻璃片，是放光的玻璃，但不是玻璃，叫雲母。

挖金子，就比這個容易了。挖金子，沙子裡就有。有條江叫金沙江，你得作器具，拿金盆搖一搖，金子落下來了，沙子隨水走了。學道就是這樣子。我經常這樣觀想，要想發挖出來我們自己本具的眞心，不經過一番的苦功夫，挖不出來的。爲什麼？它讓多少層的石頭，多少層的沙子，把它掩蓋了。特別是石棉，那時候挖石棉礦的跟我們說，英國有一個石棉長三公尺，但是我們自己挖出來六公尺長，超過它一倍，使它不斷，上下兩層石頭夾縫之間。

像發菩提心，我們這個心已經受無量億劫的熏習、污染，成了性了，那是污染的種性。我們把這個性去掉，那叫習種性，把習種性去掉，恢復我們的性種性，本來的眞心，可不容易了，得經過一點一點的磨練，一點點的磨練。一切法都是我們心的自性，那一聞就開了悟了，開了悟了就成道了，沒有那麼容易的。好多是參訪善知識，一位一位的從發心住到成佛，還得走四十一個位置，一發心便成正覺，這只是說你發了心，住在菩提心上，漸漸去修。懂得這個，知道一切法就是心的自性。

但是怎麼把你心的自性啓發出來，把一切妄、染和淨，染淨的菩提心上都沒有的了，一念不生。必須得經過師的誘導，經過師的啓發，使你的自性，自修內證成性，不隨他人，這樣才了達唯心故，不心外取法。心外也無法，這樣了了你的性，性外無一法，了達心性，心性之外無一法存在。這樣就契合發心住，這叫初發菩提心。發了菩提心就住在佛家，就是菩提家。發菩提心，住在菩提心上，叫發心住。

第二治地住。

佛子。云何為菩薩治地住。此菩薩於諸眾生發十種心。何者為十。所謂利益心。大悲心。安樂心。安住心。憐愍心。攝受心。守護心。同己心。師心。導師心。是為十。

發十種心。「何者爲十？」治地住發哪十種心？「所謂利益心、大悲心、安樂心、安住心、憐愍心、攝受心、守護心、同己心、師心、導師心，是爲十。」

「師心」是老師的那個師。利益心，當然是利益一切眾生。利益眾生過程當中，又有十種利益眾生的心，就是利益眾生心又有十種心能達到利益眾生，各起十心。《華嚴經》常說十十無盡。從利益心到導師心，每一心有時又開十個，說十十無盡。怎麼樣利益眾生呢？必須得有智慧，你度人家，自己先明白了。但是一發心的菩薩，他把自己跟別人同等重要，會先度別人，把自己放下。也有先度自己再度別人，各個分析不同了。你對每一個眾生都要起十心，這說的每一個眾生各起十心。

二者，辨別差別，要對待八種眾生，除了利益眾生的要起十種心之外，還對待一一眾生，還要對待有八種眾生的差別。一於怨眾生，二於貧苦眾生，三於危懼無樂眾生，四於惡行眾生，五於得樂眾生，六於外道未發心者，令正信發心，對外道還沒有發心的眾生，七於已發心同行者守令不退，八於一切攝菩提願眾生，取如己身。於一切眾生本來說各起十心，以下辨別差別眾生，八種眾生，每一眾生都要起十心。怨就是我們互相有怨恨的，你的心不加其報。不加其報就是對有怨恨的眾生，平等平等對待他。怎樣平等對待？好比布施一個物件，這個人對我有怨恨，那些人對我很好，有恩德，恩怨平等。但是，我這個心對有恩的、有怨的，平等平等。於怨眾生，不但不想報復他，而且是於怨眾生給他利益的話，還是平等的授給他利益。

於貧苦眾生，勸他們：「你已經這麼苦了，還貪求什麼呢？你應該遠離！」這叫起大悲心。對於那些眾生，一天生活在危懼當中，戰亂頻繁，現在伊拉克人民一天生活在戰亂頻繁當中，產生畏懼，說不定哪個炮彈就落在自己的房子。這樣就安慰他，令他得到歡喜，使他免去畏懼。也有一些眾生，以造惡爲樂，他造惡業，認爲是快樂。我們看見他是惡，他說這是他的職業。

像屠宰業，你看那個魚船那麼多，一條魚船要打多少萬斤的魚，那有多少生命？對於這樣惡行眾生，令他得安住，得善行，別再造惡業了。危懼眾生，令他不畏懼；惡行眾生，令他住善行，安住善行。於得樂眾生，讓他說你不要快樂的、享受的太過火了，太過分了。看看苦難的眾生，讓他不放逸。對於那些不發心向道的外道，怎麼樣能令他能夠生正信發心，治地住的菩薩，第二住菩薩更進一步了，他有這種的勸勉、教導眾生，勸一切眾生進取，進取就是前進，具足一切功德，讓他生起學佛的功德。

治地住，爲何叫治地住？「治」是治自己，怎麼治自己呢？治自己的心，就叫治住地，先把自己的心地治理好，直心正念眞如的心，深心樂集諸善法的心，大悲心，使自己的心深契這三種心。常時治自己的心地，叫治地。

佛子。此菩薩應勸學十法。何者為十。所謂誦習多聞。虛閑寂靜。近善知識。發言和悅。語必知時。心無怯怖。了達於義。如法修行。遠離愚迷。安住不動。何以故。欲令菩薩。於諸眾生。增長大悲。有所聞法。即自開解。不由他教故。

「誦習多聞」者就是多聞，讀誦大乘。閑靜實修，聞了要修。我們很多道友讀《華嚴經》，或者還有讀《般若經》的，讀《金剛經》的，這叫誦習。還要多聽，還要多聞。誦習是自己誦，聞是聽別人講述。但是你要思惟，你所誦的經，想想經上說的什麼話？叫一切眾生都作什麼？如何作？如何修？經上所說的，都是這些話。當你熏習久了，聞的多了，耳根盡聽的是人家勸善規過的心，你的行爲自然就變化了。

誦習多聞還要虛閑寂靜，這兩個好像不通。虛閑寂靜就是不要到憒鬧的地方，閑靜思惟，思惟就是觀照，就是思惟修，也叫靜慮。這樣你容易入三昧、容易得到三昧，觀照你這個心，於你所誦習的，讓兩個相契合。你所誦習的是佛所教導的經典，你必須虛閑寂靜下來思惟觀照，他會產生作用，指導你的行爲，治理你的心田。

發言時要和悅，要經常親近善知識。說話要知時，「知時」是，你該說的說，不該說你千萬不要說，要知道這個時候，你可以說，不是這個時候，你不要說。怎麼樣「知時」呢？像我們到台懷鎮，看著作生意的，你告訴他：「你不要貪利，不要想掙錢！」他能喜歡嗎？這叫不知時務。你到海邊船家那個地方，船子住的都是打魚的船，你勸他不殺生，不要作這個惡事！那些打船的不把你打一頓，打跑你，攆出去才怪，這叫不知時務。所以把你的心先治好，要知時務，對人說話，發言要和悅，把你心治的，沒有怯怖，沒有膽怯、沒有恐怖。根據直心、深心、大悲心，你達到這種境界，如法修行。如法修行，照著佛所教導的方法去作，這就叫修行。如法去作，把愚癡、迷惑遠離了。治地住菩薩，要用這種方法去教育一切眾生，使那心地寂靜空閑，永遠定的，安住不動。

這樣修，能令一切菩薩於諸眾生生起大悲。這三心發了，從初發菩提心發心住到現在治地住，開始修煉菩提心，修煉直心使他更深入。十住位的菩薩只是相似，還沒到住呢！說是住，沒住到菩提心上，住的不深。應該住到發心上，要怎麼治理你這個心，住著，安住不動？得把三十位滿了，到了初地菩薩，那個發菩提心是眞正的發菩提心。爲什麼這樣說呢？什麼原因呢？

「欲令菩薩，於諸眾生，增長大悲。」治地住的菩薩，讓一切眾生發了大悲心，怎麼樣讓他增長，越增長越大了。什麼樣叫大悲？大悲心是令眾生離苦得樂。眾生怎麼能夠才離苦？怎麼才能夠得到樂？大悲心裡還有很多方法，那眾生才能得入。眾生大悲心增長了，利益眾生的心切了，我們悲上加個「大」字，這個「大」字可不容易了，大悲心是不分怨親的，沒有簡擇的，才叫大悲。面對一隻老鼠、一隻蟑螂，這是人類最厭惡的，見著就要把牠整死。大悲心的菩薩，你把蟑螂、老鼠看得跟人平等平等，大悲達到這種境界，那不是語言。說聞法、或者自己讀誦大乘，讀誦多聞，讀誦、多聞我們把他分開說。

天天念文字有什麼用處呢？或者念一卷〈普門品〉，或者一卷〈普賢行願品〉，你讀了一萬遍，一天讀一遍也得一萬天，一年三百六十天，十年才三千六百遍，三十年才讀十萬遍。讀十萬遍，讀的是文字，自己一點不用，有什麼用處呢？誦習、多聞，要長熏。聞了要思，思了要修，你光聞聽到了，我給你講，大家聽到了，聽到有什麼用處？一下了課了，各走各的，這是聽聽。聽了你要想，想就是思惟，思惟就是觀照，觀照就是修行。經上所說的話，或者你到這聽講，講之後讓你斷煩惱，煩惱怎麼樣斷？告訴你斷煩惱的方法，依經上佛所教導的。之後你的心開了，了解了，治理、調制你的心，增長你的大悲，增長你的直心正念眞如，增長你的智慧，你這個聞得利益了，聞而開解，解悟了，解悟了就去作，作之後就證得了。聞之後要思想，思想之後要去修，修就是作，聞思修。

說一聞法就開解，我們沒有這個智慧，乃至於文字還沒鑽透，更不要說義理。

文字能通得過了，義理也懂得了，你並沒證得，沒證得沒用，解決不到問題。這些菩薩，發心住也好，治地住也好，因爲大悲心增長了，他在生死不畏懼，但願眾生能夠離開苦，不是爲自己求安樂。這就靠你的修。智開解了，聞法就能開解，讀誦經就能開解，聽到人家一句話就能開解，解了就悟了。這種得大根器，六祖大師聽到人家念《金剛經》，「應無所住而生其心」，他就開了悟了，心開意解了。那不是給他說法，人家在樓上念經，他在底下賣柴火，聽到人家念到這句話，他就開悟了，就明白了，因爲過去的善根成熟了。

我們現在聞了好多經，佛教授了我們很多的方便善巧方法，若說我們完全沒作，也不是的，就是作的不夠。證悟的不深，解決不了問題。就這麼幾句話，你證悟的不深，想了生死，離苦得樂、解脫，辦不到。得深入，常時懺悔，靜坐下來，虛閑寂靜的時候，自己好好的想一想，入佛門這麼多年了，我哪些事解脫了？過去最煩惱的，現在這個事來了我不煩惱了。想不開的、放不下的，現在放下了、看破了，無障無礙了。

諸菩薩能自己開解，一聞法就能夠理解，就能進入，不由他教。我們必須善友提攜，同參道友互相提攜，互相給自己規勸，明師指導。因爲我們福薄、慧淺，明師我們是很難得遇到了，像發心住的菩薩，治地住的菩薩，三賢位的菩薩，這些我們都遇不到了，還說地上的大菩薩嗎？依法，我們現在住這個地方，是文殊菩薩道場，五臺山是文殊菩薩道場。文殊菩薩是大智慧者，我們就依著文殊菩薩，求文殊菩薩加持，再假自己的觀照思惟，努力的行，行就是你要會想。想就是觀照，依著經書上的文字般若，進入你的觀照，進入你的思惟，思惟就是行，達到觀照般若。觀照了，你就契入了，證得了，那就深入般若智慧，自己就開了悟。這段經文以前沒怎麼學，沒怎麼深入，突然間你念念的，會開悟了，這句話以前不知道什麼意思，現在知道什麼意思，不但知道什麼意思，而且還能去作，作就是修道。

第三修行住。

佛子。云何為菩薩修行住。此菩薩以十種行。觀一切法。何等為十。所謂觀一切法無常。一切法苦。一切法空。一切法無我。一切法無作。一切法無味。一切法不如名。一切法無處所。一切法離分別。一切法無堅實。是為十。

十住的第三住，就是修行住。我們一發心，一學佛法就要修行。為什麼入了十住的菩薩還要講修行呢？修行是通常的，意義有所不同。這個修行住，修行無所住。修行怎麼無所住呢？不住色聲香味觸法，不住六塵境界，一切無住。十住法門講的是住，這個住是無所住的住。若講有住的話，住在自己的心上。因此，講修行觀一切法無常，觀一切法無我，觀一切法空。我們的思想要念念的不離開無常，念念的念無我。念念無住，不住在色聲香味觸法，這樣的修行。觀察這一切法，要觀察法一切性，不要觀察法一切相。佛經講常、樂、我、淨四德，要觀它的另一方面無常。無常對著常說的，無我對著我說的、眞我說的。在《涅槃經》講常樂我淨四德，那就翻過來了，無常就常，樂是對著苦，我是指著無我，我們說一切的修行，所有修行者，都是無常的。

我們知道一切煩惱，煩惱所生起的，勝進之後，要修斷煩惱。斷煩惱是稱著性體而說的，我們的性體跟我們那個心，沒有煩惱。住是無住的，既不住煩惱也不住涅槃，無住的。修行是修行什麼呢？修行無住。一切法苦空無常無我，不住苦空無常無我，實際上也沒有苦空無常無我，這樣來觀自己的自性。從正面說「一切法無常，一切法苦，一切法空，一切法無我」，加個無作無爲。「一切法不如名」，名無實義。「一切法無處所，一切法離分別，一切法無堅實」，這十種是說你修觀的時候，菩薩修行的時候，行是運動的意思，行就是動作，無行，寂靜。

我們說苦的相是什麼？苦的相是逼迫性，如果無苦了，逼迫不到了，心裡作用，思想問題。現在科學發達進步的，跟佛教所教授的非常相合。我昨天看報紙，他有一千三百多例病人，不打麻藥就開刀，那不痛死了嗎？一個醫生在那兒開刀，一個醫生教他思想無住。之後要他修觀，他那觀可不是我們這觀，那叫什麼呢？叫轉移。

一個醫生跟病人擺龍門陣，那個醫生就給他下手開刀，他就跟他倆去擺龍門陣，開刀的痛，他忘了，轉移他的視線，轉移他的觀念。手術之後問他：「痛苦不痛？」他說：「沒有，不知道！」轉移視線。他是不懂得佛法的，也不是按我們佛教說的。這叫用語言給他擺龍門陣，麻醉他的神經，使他的神經不感覺痛了。報告當中，已經治療了一千三百多例病人。

這叫轉移他的思想，麻醉他的神經，用語言，不是用藥物。我看見他那一段報紙，他說的很多了，跟我們相似。能不能了生死？不能，跟我們這是兩回事。就像我們講這個住，修行應當住，住於修行。而且這個修行不要住，一住了，思想就隨世間相轉了。無住是不隨世間相，念念觀無常，念念觀常。觀無常是一切世間相，一切法無常。

我們觀自己的本心，心性的體是常的，《涅槃經》是講常樂我淨四德。講苦、空、無常、無我，佛初步的教義，這是護持一切小乘法的修行。一位一位向前進，這叫勝進了，兩方面都這麼講。這苦是苦無所得，什麼是苦？假名。這樣來趣入苦行，苦無所得行，苦無所得，入於空行。我們這個空行是不自在的，要自在的空行，我自在了，自在不苦了。自在了也無所行了，空了，善惡不存在了。不但惡沒有，連善也沒有。無我是得自在，無我了還不自在嗎？無我了，但是有一個性體，講八種自在，大身小身，輕身重身，能作得主，想作什麼能達到目的，這是隨意所欲，隨心所欲。孔夫子講隨心所欲而不逾矩，不違犯規矩。你若證得法身，不就自在了嗎！法身能大能小，隨緣而起的，它都能夠自在。

如來，我們講佛如來，如如不動，來即無來，無來而來，來了又如如不動，這就是我，佛自在了。這是修行者的觀想，不見我也不見有非我，行即無行，心無所住故。修行住是無住的，不是說個空就見空，見空是不行了，我們沒有這個本事了。修行的時候不見空與不空，也不見常與無常，不見苦也不見樂，不見我也不見無我。連我都沒有，誰來受生死？達到沒有生死了。這叫修行住。

這就是修心，心不住於念，心不住於生就不住於死，沒有生死的。心裡頭無生死，這個道理要你思惟修。我們經常說，無常無常，對著常說的，說無常。生死就是無常的，翻過來，證了不生不死了呢？那就是常，就叫涅槃。所謂苦，在生死流轉當中，他有生死了，所以苦了，生死苦。《大般涅槃經》是樂，沒有生死，沒有生死就快樂了。在小乘經上講無常苦空無我，《涅槃經》講常樂我淨四德。

修行住是修行什麼？修行無住。講的是修行住，修行無住，既不住生死也不住涅槃，無住了。無常的體是什麼？體是實性。實性是常的，智慧爲體。在心偏一切處，在一切處不住，一切處都無住。

講十住法門，先要懂得，十住就是十無住。無住的才是住，無住的住是眞住。住什麼呢？住在如來家，住在自心，住在心體上。凡是因緣所生滅的法，因緣所生的法，那都是無常的，都是不樂的，都是苦的，無我的。再翻過來說，因緣從什麼起的？從自心起的。因緣，緣起生諸法，一切緣起所生諸法都是無常無我，常樂我淨的，緣起的。依著什麼緣起的？依著心地緣起的。我們經常說無我，我跟無我不是兩個，苦跟樂不是兩個，就像這個意思。

我們經常說苦，苦有個逼迫性。苦的涵義是什麼？逼迫。淨也好，不淨也好，它的涵義是什麼？是空的。自在，無我了。不自在，有我了。修行的時候，懂得這個意思，懂得不生不滅，觀一切法都是在生滅當中，在生滅當中你就苦了，達到不生滅就不苦了。

「我」跟「無我」是兩個，好像是二，都是因爲我，沒有我了，哪有個我？哪有個無我？這是雙疊句。說一切諸法，本來不生，既然不生，哪還有個滅呢？這叫無生無滅。你經常觀照自己的心，要這樣的修行。我們不是講修行嗎？這叫修行住。修無所修，住無所住，這就叫修行住。若從文字上講，修行住，住在修行上。怎麼樣修行呢？觀照你的本心，這就是含著用你的智慧觀照一切法，照見一切法無有，無我無人無眾生無壽者相，沒有四相。沒有去來現在，沒有三世，這樣的修行，直觀心照，這叫心地法門，十住都如是。

佛子。此菩薩應勸學十法。何者為十。所謂觀察眾生界。法界。世界。

觀察地界。水界。火界。風界。觀察欲界。色界。無色界。何以故。欲令菩薩智慧明了。有所聞法。即自開解。不由他教故。

「小乘不求種智，不欲廣知故。」他不能廣知，不能廣知就是不能勝進，所謂勝進者就是廣知。這種道理在〈十地經論〉中說的非常廣。知道地水火風四大種，四大種都是生滅幻滅法，你這個生處種子就是幻滅的，四大種所造的色，無常的，能生者是常的。佛出世間，度眾生，演說佛事，能度的是如來，所度的是眾生。這個四大種地水火風，你觀察它，這是佛度眾生的處所。我們經常說三界，你觀察觀察，欲界色界無色界。觀察產生智慧，明了這世界。世界就是四大種，地水火風，佛在《楞嚴經》，對有情說，加個「空根（見）識」。你若聞到佛所教授的法，即自開解。即自開解，佛在世佛講法的時候，用耳根聽到，這是聞性。佛沒有說法，你現在看著佛所留下的經典，看著佛典，這是眼見，眼見文字、思想文字所要表達的義理，這叫心自開解。

這是從法生，不由他教。認識什麼叫眾生界？什麼叫法界？什麼叫世界？解釋這個世界的時候，就是地界水界，火界風界，之後再觀察有情世界，欲界色界無色界。簡單說先觀人類，有情的一切動物，之後再觀有情所依據的生活，欲界色界無色界。你應當明了，有情、無情。怎麼樣能明了呢？從佛所教授的一切方法，說聞法了，自己開解了。上上根的人一聞到，明心見性，大徹大悟，「心生故種種法生，心滅故種種法滅」，離開心之外一切不存在了。所以他能自己開解，不要別人教。住位菩薩這樣觀照，觀照一切法，不生不滅，無常苦空無我，能生起這些的是什麼呢？是心。心上去理解，換句話說，修行自己的心，不要起執著。無住就是不執著，住就是執著。一切法無生，你的住又住在什麼上？住到無生上，就是無住。一切法無生，你也無住、無修。

說通俗一點，在念佛的時候，你要無住。知道能念的我，所念的佛，自他不二，也沒有能念的我，也沒有所念的佛。雖然是觀空，不礙你的知見，知一切有。雖然知道一切法有，觀照它是不實的，是沒有的，進入空性。空，不空，就是有，明明能念的我，所念的阿彌陀佛，進入空性沒有的，但是我還要生極樂世界，發願，我還一天要念阿彌陀佛。能念的是我，所念的是佛，宛然俱在，都有的。娑婆世界跟極樂世界就是不同，因爲不同才同。不同怎麼會同呢？心性同故，心跟土不二，身即是土，土即是身。《華嚴經》盡是這種雙疊句，正面說反面說，反面正面就是一個，就像手心手背，手就一隻，不是兩隻手，這樣子來理解。

你經常這樣觀念，這樣念念觀自性。雖然觀一切相，觀自己的本體。我們念佛時經常講，自性彌陀，彌陀就是你的體性，極樂世界何嘗不是你的體性呢？叫身土不二。這種觀是觀空的時候不礙你所有知見的有，有就是相，空就是性，性跟相是一個，這樣的解了。

佛所說的一切法，就是佛智慧的表現，法跟智無二。我們本來是住於心地，心地是眞空的，所以說，住即無住。念念無住，念念住。語言上是圓融的，行爲上要能跟語言結合，也是圓融的。之後你眞正證得的時候，也是圓融的，證無所證，原來本有的，有什麼證！自己發挖自己的智慧，不是外來的。這樣修行就叫勝進。進入什麼呢？進入你的心，明了你的心，先明白心所有。心所有的一切法，心所有法。一切法都歸你的心，心所有者即是心。這種解釋是讓你經常觀想，不論修任何法，最究竟了，把念頭變成聖（勝）念、聖（勝）解。念念都歸於心，念念都在成佛道，念念都是佛道。

第四生貴住。

佛子。云何為菩薩生貴住。此菩薩從聖教中生。成就十法。何者為十。所謂永不退轉。於諸佛所。深生淨信。善觀察法。了知眾生。國土。世界。業行。果報。生死。涅槃。是為十。

第四住。我們現在是天天熏習，天天生。念佛也是熏習，我們吃飯，一切行動，是心的智慧。念念都從佛所教導生。〈淨行品〉就是修行，修的清淨行，念念生，這樣才不會退轉。從佛心生，從我們自己心生，佛心眾生一個心。

佛所說的教化，教化我們的方法，我們深信不懷疑。還是照著那樣作，作的時候得好好觀察一下，這叫觀照。換句話說，要善於起心動念。就是這個觀察學習，生起念頭，很不容易。我們經常說，「打得妄想死，許汝法身活」，就你那個妄念打死了，法身就活了。因爲你觀察一切法的時候，佛法、眾生法，一切世間相，依報諸法，觀察法，也知道有情的眾生、無情的國土、世界、業行、行爲所感的果報、生死、涅槃，一共有十種，這是標名。

我們多聞熏習無漏聖法，佛所教導的都是無漏的法，不漏落欲界色界無色界，不落於六道輪迴。不是人間的生，是法生。什麼法？佛法生，生在如來家。以佛法而生，叫生貴。貴就是尊貴，生即尊貴，住於尊貴。

凡是佛的弟子，都是從法生的，經常這樣觀照一切法，從佛法生，佛是口說法，我們用心地觀，這就叫佛子，受三歸那天，你就是佛子。了達一切法無所有，了達有無所有，了達空不空。法生，法界生，「法界」兩個字，就是一個生一個法。界是生起義，法界生起一切法。界爲能生，一切諸法是所生。這是約理上講。懂得這個道理了，你就明白了，智慧就能不退。明白就是智慧，這個智慧越成長越大，越成長越大。

「自住處智，不退轉故，亦所生也。」你就是所生，自己生處是智慧，住處是智慧，不退轉還是智慧，是這樣生起的。「同敬智，於佛淨信故，亦能生也。」對佛教授我們的，一切的方法是清淨的，自己這個信也是清淨的，這叫生起恭敬諸佛的智慧。

「眞如智，善觀察法故，亦所生處也。」依佛生起來清淨的智慧，之後達到眞如的智慧。那是觀察一切法的生處，一切法生處就是法界，就是一心，眞如、法界、妙明眞心，名詞多種多樣的，道理是一個，達到眞如智了。以這個智慧善於再觀察一切法，我們所生處就是法界，說法界也可以，說佛心也可以。「分別所說智」，之後依著這個再去解說，有情世間、無情世間，一切眾生，空和有，佛的國土，權和實，世界相，染和淨，眾生的行爲，生死，涅槃，善惡、苦樂。生死，有分段生死，有變異生死。

佛子。此菩薩應勸學十法。何者為十。所謂了知過去未來現在一切佛法。修集過去未來現在一切佛法。圓滿過去未來現在一切佛法。了知一切諸佛平等。何以故。欲令增進於三世中。心得平等。有所聞法。即自開解。不由他教故。

這是通的，每一住都如是說，勸學十法，要學習哪十法呢？「何者爲十？所謂了知過去未來現在。」讓你知三世，過去非現在，現在也非未來，過去現在未來的一切佛法，你要經過修練（鍊），把這一切佛法修練集中，集聚起來，修集修一切善法，這些善法都是佛說的。集是因，修因一定要感果，感的果就是成就了諸佛。修諸佛法，成就諸佛法，證得一切諸佛法，經過修行，經過證得的實踐，了知一切諸佛法，平等平等的。過去如是，現在也如是，未來還是如是，三世平等的。在諸佛如是，在我們一切眾生、修行者也如是，心得平等。心平等故，所聞諸法，自能開解，這叫開悟。說心得聞法開悟，不由他教，這得到生貴住。你沒達到這個地位不行，還得由他教。所有所聞過的法，經過你的修，修就是行，行就是證實，證實了之後就得了果。什麼緣故？何以故？欲令增進，令心增勝，他才能得到心性平等。

我們依佛所教導的話，叫堅信哪，信之後入住，不是讓你懷疑。這不是禪宗，大疑大悟，小疑小悟，不疑就不悟。在我們講教義上，你疑就是耽誤了，不是開悟。不叫你懷疑，堅信不疑，對於佛的教法、行法、理法、果法，教理行果。修行就把一切善因集到一起，大了就成了。今天修行積一點，明天又修行又積一點，積來積去的就悟了，就明白了，逐漸的理解，就是因行，果一定滿。前位進入後位，你的智慧又增長了，你的觀念又不同了，這樣才能達到眞正的平等。其實你生到如來家，就是眞正的平等。

要多學習，之後經過你的心訓練，心開意解，開悟了。平常你不理解，多讀。

讀一遍、讀十遍、讀百遍、讀千遍、讀萬遍，這句話的意思，你也不要問誰，讀就好了。讀久了，再一讀到這兒，明白這句話是什麼意思。你從行爲上，證實佛所教導的這個教理，相契合了，這叫開悟。我們要能達到一個眞和俗，二諦融通三昧印。眞諦俗諦，在眞俗有分別，諦沒分別，理是一個，因爲現在你沒達到這個程度，就叫俗諦，證得了就叫眞諦。你要想了生死，斷煩惱，理解你在佛門當中、每一天所作的，念念是斷煩惱，念念是了生死。不過前位進後位，有快有慢，各各不同，但是總是往前進的。但是，你不入佛門，還沒聞到佛法，這個雖然是平等，作用沒有了。因爲你已經迷了，作用沒有了。等你放下了，看破了，把世間相看破了，隨順眞諦，漸作漸入，漸入漸作，雖然沒有直接達到全部斷煩惱了，但是，你漸漸的就明白，自己跟以前不同了，煩惱沒有那麼重了。

我們最初離開家，出家，離開那個家到了這個家，這個家叫佛家。最初不大熟悉，不能進入，你現在所進入的，換個衣服，剃個光腦殼，相不同，你所作的行爲也不同了。漸漸的達到什麼呢？眞正的成就了，眞正的明白了。自己進步了，自己並不知道，並不會感覺進步了。感覺著還是到廟裡頭，穿衣服吃飯，作一切事，因爲還在世間！沒離開世間，作的都是人事，不是佛事，生活起居習慣，好像沒什麼變化，其實變化很多了，自己不認識了。在理上契入了，事上放下了看破了，你自在很多了，沒有什麼逼迫性。你經常這樣觀，觀就是思惟修。觀就是你現在想些什麼？將來你要達到什麼？跟過去完全不一樣，在家絕不會想到，我要達到清淨無爲，我要住於無住，這箇你懂都不懂，哪聽過！現在你知道很多了，已經開始悟解的很多了。你應該從這上進步，雖然剛入佛家，還沒體會到，生到佛家是最貴重的。

同時再進一步，要修行，要上進哪！前面講第三住，修行住，因爲修行生貴了，生到佛家了。你生到佛家，佛家都是度別人的。怎麼樣去度別人？我們這個學習不是專爲了自己，爲了眾生，發願成佛。爲了眾生，學佛法，就是學覺悟的方法，讓人人都覺悟。那得有方便善巧，不是那麼直來直去的。既然到了佛家，你就得擔任佛子的事業，什麼事？佛是度人的，讓一切眾生都覺悟。

第五住叫方便善巧，妳必須得說方便善巧。你對人家見著那個痛苦的人，正在生病不得解脫。你不要說給他說佛法，你說我看你這麼痛苦，我告訴你個方法，就不痛苦了。他高興死了，還有能告訴我不痛苦的，醫生看這病，說好不了了。你說，我告訴你一個方法，就能好。告訴什麼方法？「念阿彌陀佛！」感你一說出來，「念阿彌陀佛」，他還聽到過，不大信。你不能直接這樣說。你應當遇到什麼事，或者他想求，求病苦的，想求發財的。現在我感覺找我的，都是除病苦、求發財、求滅脫災難，或者想升官的，絕對沒有求你說，了生死的，要證涅槃的，沒有。

有的出家混了一、二十年，大廟不收，小廟不留，不朝山拜佛，不住寺廟，租個房子住。本來是尊貴家，不住，要住到世俗家，你還得給他幾個錢，化幾間房子。

幹什麼？自由。那多自由，在寺廟裡頭，早晨打板你還得起來，租個房子睡到大天亮，沒誰管我的。「方便出下流」，越是想方便，越是出下流。以下我們學習具足方便住，什麼叫具足方便住？菩薩用所修的善根力量來救護一切眾生。

第五具足方便住。

佛子。云何為菩薩具足方便住。此菩薩所修善根。皆為救護一切眾生。饒益一切眾生。安樂一切眾生。哀愍一切眾生。度脫一切眾生。令一切眾生離諸災難。令一切眾生出生死苦。令一切眾生發生淨信。令一切眾生悉得調伏。令一切眾生咸證涅槃。

方便住的菩薩，方便住住於方便。什麼方便呢？這叫方便善巧慧，從根本智慧裡頭生起的方便善巧。剛才跟大家說的度眾生，不能那麼很直截了當的，這是佛門的大事，佛法就是度眾生，讓眾生都覺悟。怎麼救護他，怎麼饒益他，自己先得修。修行自己的善根，之後用自己的善根的力量，學到佛法的力量，才去救護他。救護他令他離苦得樂，不是世間上給他幾個錢，使他安樂了，有了病了，幫助他把病治好了。這個沒得用，了不了生死。而是從根本上，讓他明白覺悟。他明白覺悟了，自己就會救護自己。饒益眾生的方法很多，以世間的物質幫助他，他貧窮給他財富，遇到厄難了給他解救，都是救護眾生。他一天惶惶不可終日，救護他，不讓他受痛苦，這得從菩薩大悲心生起，沒有大悲心是辦不到的。眞正讓他離苦得樂，教他自己修，你不能包辦代替。饒益、安樂、哀愍、度脫，這得要靠他自己。你只能給他些輔助的方法，這個得要智慧，從根本智生起方便善巧安樂慧。

有些過去的因緣，你得懂。師父的道德很高，師父度不了，他的徒弟到那兒一跟他說兩句話，他就得度了，什麼原因？他跟他有緣，跟你沒緣，必須得知緣，要知因知緣。當他正在災難之中，我們說這個世界上有一個眾生不在災難當中嗎？沒有。起碼生死災難，他沒了生死。我們說在這離苦得樂，他又到那兒受苦去了，你看在這離苦得樂了，他那個因果又成熟了，到那兒去受去了，你得從他的根本上斷。你想讓他離開生死，得先進入生起信心，信佛。

信佛得自己修，你得告訴他很多的方法，讓他自己修，讓他先把自己心調伏好。舊的痛苦還沒離掉，他新造的業，新的痛苦又來了。看看《地藏經》，閻羅天子問佛，地藏菩薩那麼大神通，把眾生救出去了，沒好久他又回來了？佛就說，此土眾生剛強、難調難伏，你要想讓他離苦樂，他得自己發心，眞正認得是苦了，自己得自修。

諸位道友想想看，你所接觸的人，他已經信佛了，有信心了，爲什麼他不修行？還在名利當中打滾，還在煩惱當中打滾，爲什麼？他不能生起清淨信心。他那信心當中夾雜，不是名利，就是富貴、煩惱，因此必須得生起清淨信心。想讓一切眾生能把他的心調伏的非常好，這很難。

釋迦牟尼佛在世間，我們都沒了生死，都是釋迦牟尼佛的弟子。怎麼理解？「令一切眾生咸證涅槃」，只是個願，願就是希望。我們現在也發心，天天也念。你的心力達到沒達到？我們天天在念，「眾生無邊誓願度，煩惱無盡誓願斷」，先不說「眾生無邊誓願度」，先說自己的煩惱誓願斷，你斷了好多？生不生煩惱？不生煩惱就是智慧，那就生智慧了。

用什麼方便善巧能發起救護一切有情眾生？要發心方便善巧，發過這個心沒有？令一切眾生修行善根。方便善巧的方法很多，我們現前跟一切眾生，在理上平等！我們跟現前眾生也都平等，在煩惱上平等，只是大小不同而已。令一切眾生都去修行善根，來斷煩惱，來種善根，就種善因，斷一切惡。你對待一個眾生，或者六親眷屬，或者你的父母，或者弟兄姐妹，或者親戚朋友，這是跟你有緣的，這是接近的。你想讓他離苦得樂，先觀看你的父母什麼根機，他信你不信你，這是最有緣的，也是你最難度的，越是親人他越不信你。爲什麼說出家要離家鄉遠？你要修道在家鄉很難。沒緣的他又不信你，但是這個緣不要去求，多生累劫在六道輪迴轉的，有緣的很多，看你用什麼方便善巧。

你所遇見的眾生，馬牛羊雞犬豕，你在廟裡還遇不到很多。我們普壽寺老鼠不少，你能遇得到。螞蟻也不少，你先從牠們身上起，有情的、無知的，用你的觀想力。

要了解眾生，要有耐心。看看螞蟻的行為，看看老鼠的行為。老鼠的心永遠是盜心，偷盜的盜，可不是行道的道。沒有人，牠吃東西也好，你觀察牠性體，我們後面有幾箇老鼠，你觀觀牠的心，牠習慣了，牠也不怕我們，牠直來直往的，牠來了，看見你瞅牠，牠蹲那兒瞅瞅你，牠不怕你了。這樣你也可以度牠，牠不懂，就是加被牠，念念佛，念觀音地藏，念念聖號，讓牠種個善根，這叫種善根。這個因種下去，到未來生，不一定什麼時候成熟了，不是你這個因，牠來生就成熟了。像這一類的眾生，你給牠說佛法，當然不是給牠講道理，像我們講這些平等了，了生死了，斷煩惱，這個牠不懂的。你給牠念聖號，念佛菩薩名字，使牠的耳根聞到這個名字，這個善根種下去了，到一定時候牠生了效了，效果來了，這叫善根成熟。

你度眾生的時候，還要放魚放生，這是我親自經驗的。我們在美國跟一幫弟子，買了很多魚去放生。並不是所放的都有靈性。特別是海龜，有的魚牠有靈性，有的沒有。你放牠，牠知道報恩，牠游了出去了，又游回來了，牠腦殼翹著瞅著你們。你跟牠說：「你去，好好念佛，不要再回來了，不要再墮成魚了，我今天把你放下去了，不曉得哪一天，人家又打上來把你吃了，煎炒烹炸，把你炸的粉身碎骨！」說一陣子，牠走了。這就叫有靈性的。

最近我看報紙登著的，兩隻小狗非常有靈性，牠主人測驗牠忠心不忠心，是不是有靈性，牠主人在那兒裝死，這兩隻小狗急了，跳前跳後，一會到他臉上舔，一會在那叫喚，牠那叫喚是哭。整整守他好幾個鐘頭，他在那兒不動，小狗在他臉上舔，他也不動，這兩個小狗不走，就圍著他轉，一會含口水到他臉上撒一撒，給他恢復知覺。他裝很長一段時間，他一起來，這兩隻小狗樂的不得了，圍著他轉，他就獎賞牠們，一個小狗獎賞一個小罐頭。

這兩隻小狗對他非常忠心，因爲他家裡頭就他一個人，一個人養兩隻小狗，有一隻小狗給他守前門，一隻小狗給他守後門，他一睡了，這兩隻小狗在院子裡巡邏。你說是狗，有時候他請那傭人，沒有這兩隻狗強。這是畜生。像這小狗，你給牠說法，給牠度，牠就有靈性。我們的力量不夠，度人的人緣，恐怕人家不信你，你先度畜生。

有個道友跟我說：「畜生好度人難度，寧度畜生不度人。」他自己認爲滿有理的，我就跟他解說，我說牠變畜生，六道之中，人道尊貴？是畜生道尊貴？人的靈性大？還是鬼的靈性大？我看佛說法的大多數是人成道的，沒看哪個鬼？哪個狗？哪個貓？貓還得轉人哪，牠要想入道的話，非從人入道不可。

因此，饒益眾生，方便善巧。不一定都拿著佛所教導的，那是總綱，等你度哪一類眾生，跟哪一人接觸，你要善巧方便。既然是住，把你的智慧都轉移住到方便，這是方便善巧慧。有智慧的人，方便就是解脫。沒有智慧，方便就是束縛。這話又怎麼解呢？我們爲了度眾生，不要再注重那個戒律，這犯戒了，那犯戒了，你度眾生度不了，那叫方便善巧慧。你沒有智慧，若方便起來，你犯哪條戒下地獄，這是必然的。不但沒度了人家，自己先下地獄。

方便得從實際智慧出發的，「方便容易出下流」。方便出下流，不是度眾生了。你必須考慮，哪個利大？哪個利小？這不是作生意賺錢，在你度眾生，這方便人家能得到利益得不到利益？得不到利益可別亂方便，亂方便不行的。所以菩薩要方便善巧慧，方便裡頭包括好多，要想度眾生，五明必須得學，先得知道他的根機。因明必須得學，他是藝術家，想度他，你也得會藝術，會畫畫，會書法，或者你是個科學家，同類相攝。大家在一塊一天作一件事，說話就容易接近，這也是方便，方便慧可具足了。

因此方便要學的深入、學好，這才是眞正的方便。既利益人也利己，若不是這樣子，不但沒利了人，幫助別人沒幫助到，自己也掉進去了。你根本不會游泳，看見他掉到水裡去了，你要救他，你也跳進去救，你也死了，他也死了。起碼你要找個竹竿，或者找個繩子，丟到底下讓他抓住，你把他拽上來，那還行。你不假方便，自己胡來，那不行的。我有個同學，他也弘法度眾生，剛一弘法度眾生就被一個女道友拉回去，還俗結婚去了。一切法都如是，方便善巧大家好好學學，怎麼樣才能達到目的。

作這些事物的時候，你都有方便善巧。所謂方便就是要你不執著。不執著，一切法都不是有個一定的意思，讓你方便善巧。懂得這個涵義，想令一切眾生能種善根，你要方便善巧，使他能種個善根。儘管你發心要度脫眾生，你想作好事，他不接受。他不但不接受你的好事，還反對你，還跟你作對。你在這個過程當中，得有方便善巧，沒有方便善巧不行的。

我們發菩提心，行菩薩道，就好好想想，菩薩道怎麼行。想想自己現在走的是什麼道？我們最近有些道友，在告假回家的時候，坐火車有鐵道，叫火車道。你坐飛機，太空那麼大，不能亂飛的，有禁區的，空中有個航道，不能隨便錯了那軌道。在汽車道，我們都叫國道。爲什麼汽車道撞呢？經常堵車，車撞車。現在歐洲、美國都發生了鐵道撞車，鐵道不是固定的嗎？它也撞，鐵道撞車。航道，太空那麼大，爲什麼兩個飛機撞到一起？空中那麼大，別往一塊堆撞，有航道，但絕不是菩提道。而這些離開菩提道沒有？全在菩提道之內。駕駛員用不用他的心？開汽車也要他的心開，身體動作，心指揮。人喝醉酒了，他要撞車，心迷糊了，他就要撞。

菩提道的障礙比這個都多，菩提道還有什麼？菩提道的障礙，行不通。你發大心了，要行菩薩道，利益一切眾生，行不通。你發大心讓一切眾生覺悟！但眾生又怎麼看法呢？比如普壽寺，連在家帶出家，四眾弟子，大約四百多人，都想在這個道上走嗎？都想走菩提道嗎？行不通！經常撞車！在道上撞了。就是要學，學的時候都屬勸學。要想發心，在菩提道上走，菩提道是覺悟的道，在這個道上走，你得有覺悟。覺悟一切世間無常，你不貪戀，不執著，只要你生活在這世間，你還得先盡人事。想要出離，這個世界不讓你出離，那就跟他倆相背。怎麼樣轉化？你發心是饒益一切眾生，讓一切眾生得安樂。眾生怎麼樣看你呢？他不是順的，他是逆的。爲什麼講車道？你出去，菩提道跟世間道就撞了，行不通。怎麼樣才能行得通呢？

《華嚴經》教授我們，佛子，菩薩要想行菩薩道，利益眾生，得有方便善巧。《華嚴經》特別注重方便道。想行菩提道，得有方便，有善巧，能進入菩提道。懂得這個道理，在日常生活當中，包括在寺裡的一切規矩，你生活在這個環境裡，大家幾百人，必須有個規律，大家共同的遵守，要是破壞了，大家盡撞車，就行不通了。所以，講方便道，讓我們學習，怎麼樣除掉這些過患，讓我們安安穩穩地行車。我們每天的動作、運用很舒適的，生活當中誰也不起煩惱。互相幫助，你幫助我消煩惱，我幫助你消煩惱，不是增加煩惱。懂得這個道理了，這個時間給我們的很少，很短暫，靠自己發心掌握這個時間。

佛法在世間，不離世間覺，所有教授的方法，絕不離開你的生活。怎麼生活？怎麼幫助別人生活？你得學。在一切方法運作上，自己要掌握時間。時間就是生命，一分一秒鐘都是生命的過程，所以你要學。由於學習當中，你才知道。方便住，是讓你住在方便上，所以你應當學習。

佛子。此菩薩應勸學十法。何者為十。所謂知眾生無邊。知眾生無量。

知眾生無數。知眾生不思議。知眾生無量色。知眾生不可量。知眾生空。知眾生無所作。知眾生無所有。知眾生無自性。何以故。欲令其心轉復增勝。無所染著。有所聞法。即自開解。不由他教故。

「知眾生無邊」，想找個邊際，哪是他的邊際？沒有。哪是人的邊際？哪是畜生的邊際？哪是飛禽的邊際？眾生無邊，我們光看見自己，這不行的，沒有個邊際。「知眾生無量」，想求個數量，長短方圓，這都是量。一丈兩丈，三尺五尺，是丈量的，你丈量眾生，丈量不出來。「知眾生無數」，眾生有好多數字？現在我們這個世界，只是估計人類，人類只有幾十億，現在大致定爲六十億，這只是人。誰能知道這個世界上，飛禽有好多？沒有數，知（數）不出來。海裡的魚類有好多？這都是眾生。眾生不可思議的，「知眾生不思議」，你要議論，議論不出來，思想上沒辦法解決。我們也開個會，多找些個人，全世界科學家開個會，研究不出來。「知眾生無量色」，無量的色受想行識五蘊，眾生是不可量的。

「知眾生空」，要知道他的性體，知道眾生的性。一個人，各人都不知道各人的性，你能知道眾生的性嗎？我們不要把空講到沒有，知道性空，空，我們作爲空間，一切眾生的活動。「知眾生無所作，知眾生無所有，知眾生無自性。」

爲什麼要知道這些？爲什麼要學習這些？「何以故？」什麼原因呢？「欲令其

心轉復增勝，無所染著」，這就是目的，知道這些讓心無染著。了解眾生更深刻一點，令他那個心哪，轉惡爲善，「增勝」，在菩提道上增勝。後面這幾句就不容易了，「有所聞法，即自開解，不由他教故。」於一切世間相上，於一切法，沒有染，無染就是淨的。染跟淨是一對的，把它都轉染成淨，聞到佛所說的教法，一聞就能開解，就能覺悟，不要找老師，不由他教。這十種道理非常之深。

菩薩若不假方便善巧，沒有方便善巧慧，沒辦法利益眾生的。我們說智慧，根本智，照理的，你自己悟解、深入。方便善巧慧是照事的，事有千差萬別，理無二致。在事上千差萬別太多了，你看著小事，小事你得會，你不懂，小事變成大事，你不懂就是大事。因此，方便住的菩薩，第五住的菩薩，必須勸修十法，上來的十法勸他學，學會了，以此來利益眾生。這個沒定力，是不行的。

學方便住之後，得要學，勸學十法，得有定，這個方便慧是由定生出來的。這十樣，隨便說哪一樣，你能學會了，那你就成了。我剛才說那麼多跑道，那麼多車，就是這麼個目的，你若學會了，在哪個道上都不會相撞的。現在我們跟眾生，一來就跟眾生頂牛，還怎麼度他。爲什麼？因爲你不理解他，他在想什麼，你知道嗎？因此，你必須學。

我們看看《華嚴經》，如來所有成佛道的時候，他怎麼修成的？先講佛道。你看佛在世間，化身在印度降生的時候，最初什麼外道都學，跟六師學，學了這個不究竟，給一切眾生示範。爲什麼都加個「勸」字呢？勸這些菩薩去學，學會了能得用，才能利益眾生。舉個例子說，我們現在都是佛弟子，佛弟子是幫助非佛弟子，勸他信佛。因爲我們信佛了，知道這個跑道非常安全，能夠斷離生老病死苦，能夠斷愛別離、怨憎會、求不得、五蘊熾盛，我們知道了，他們不知道，你要去幫助他。怎麼幫助？我們經常說，知恩報恩。因爲我們受佛的教育，受佛的教授，我們知道佛恩難報！

佛告訴我們，利益眾生就報了，要幫助一切眾生。我們現在所學的，就爲自利利他，利他就是幫助人家，幫助別人。幫助眾生，就是報佛恩的時候。因此，你在學的時候，一個報佛恩，一個報師恩。我們報恩，一個人報的力量小，讓一切眾生了解報佛恩。勤學佛法，因爲社會上，我信哪個教了，不願有這個表現，你學自己的知識，就是豐富你的知識。你了解的多，智慧就大了。

方便善巧，學利益眾生的方法，這些善巧不是你一劫、幾十萬年、幾百萬年、幾千萬年所能學得到的，要長時間學的。說起時間長來，眾生有畏懼感！這麼長時間，曉得我來生幹什麼？信心就失掉了。佛有另一種方便善巧，現前一念，無量無量劫，時間那麼長，把它收縮起來，也就是你現前一念。一念就是無量劫，無量劫就是一念。說你今生，一生也能成，善財童子就是例子，當下即成。《法華經》的龍女，也是例子。說我沒那個根機，沒那個根機慢慢學，他們也是無量劫慢慢學來的，現在成熟了。勸學這十法，這十法都是甚深廣妙，先知道眾生無邊。無量、無數、不思議、不可量，都是空的。知眾生無所作，也無所有，也無自性，因爲他的心跟佛的心，平等平等的。這樣說眾生無有量、無有數，又不可思量，又無有邊。你還可以對照來說，沒有眾生。這叫甚深義。怎麼沒有的呢？眾生性空，自性上是空的。這種道理，達到了聖人的位道，十地菩薩都如是解。現在十住位菩薩，初發心時便成正覺，他就理解到。但是在我們現實生活環境中，你度了幾個？如果你作這個觀想的時候，先從理上悟入，以後再歷事。理上悟入呢？知道一切眾生無我相無人相無眾生相，沒有眾生相，眾生性空，這是體上，事實上他空不掉。約眾生的體性，無作，無所有，無自性，這是約體性上講，這都是十住菩薩所要學的。

我們現在把自己定位，定位什麼呢？具足信心了。要想入住位，怎麼樣修呢？你一天思想運作的時候，身體動作的時候，心裡是思惟、觀照。身體是行爲，所作一切。作的不多，就是生活習慣，你把它放開了就是這些，所講的無涯畔、無分限，無量不思議，把它空了！但是這個空不是空中的空，不是頑空，是體空。體空才偏一切事，心空故才能偏於上面所說的、所學的，知道眾生無量、眾生無數、眾生不思議，也知道眾生的體，知道眾生的性。眾生的性跟佛性跟我的心無二，就是一個。歷事的時候，就一件一件去作。觀理的時候，就是總觀，一切理就是一個，都如是。事上就不同了，在理上是一個，在事上就是十個。佛、菩薩、聲聞、緣覺、天、人、阿修羅、地獄、餓鬼、畜生，十道，一個心。

你經常這樣觀思惟，所以走這條道！上面我們講了那麼多道，但是這個道，我們都不走的，我走的就是一條道，什麼道呢？覺道，覺悟的道。從覺悟的道分開來有這麼多的道，這麼多的道還是無道。你天天這樣想，極樂世界在這個想裡，前面不動世界在思惟當中，一切不離於當念，現前一念心。你把當念照顧好了，這些都具足了。無量者就是剎那，這個長時間跟這一剎那的短時間，是一個，沒長沒短，也沒有一剎那，也沒有無量。無數，沒有數字可數，不是一個也不是兩個，心念不墮數，不墮有爲。不思議呢？妄即是眞，眞即是妄。

佛教常說，言語道斷，言語那條道，沒有。心行處滅，心裡的思惟也沒有。滅就是盡的意思，這是總的觀念。這個總的觀念使你生起什麼呢？我的所作所爲都是方便善巧，就是方便住。若從理上說，不論約人約法，就是約理約事，約佛約眾生，一切皆空，但是它能成就一切眾生所作的事，能成就菩薩的道業，達到究竟佛果，達到究竟了，才證得究竟了義，了義就是眞正的空義。這樣理解到了，在理上能成就一切的事業，理能成事，你在利益眾生上面，幫助別人上面，沒有障礙，這樣是方便住菩薩所行的所修的。如果平常沒有這樣觀念，沒有這樣思惟，處處跟自己過不去，不是別人障礙你。如果諸位道友心裡想不通，煩惱的時候，你就回去坐那兒，想想我跟你說的這些話，你說：「這是自己跟自己過不去，沒誰跟我作障礙的，是自己心裡跟自己作障礙！」你想通了。你煩惱的時候，不高興的時候，用用你的腦筋。好多道友不動腦筋，你跟他說，他也不愛聽，你說你的，我作我的。

下一個講正心住。他住了，他不是正心住，而是迷惑住，昏沈。爲什麼？心不在焉，心不在焉哪，把那「焉」字給它勾上去，心在「馬」上去了，或者到老鴰去了，到烏鴉去了。爲什麼？中國字，看錯了，本來是老鴰，變了馬，本來是馬又變了飛禽，烏鴉去了。這是「心不在焉，烏焉成馬」。

你要想了生死，自己幫助別人了生死，先得斷煩惱證菩提。你要思惟觀照，思惟用功的時候，你想：「煩惱從哪來的？爲什麼我會乖瞌睡？瞌睡從什麼地方來？」迷惑。我們都睡覺，睡覺時就是迷惑了。昏沈大的、睡覺大的，人家進你屋裡，把你的東西拿走了，你還在睡覺，早晨一醒來，一看，鞋沒有了，那怎麼穿哪？要多用思惟觀察，這叫修。經常說妄即是眞，怎麼妄即是眞呢？妄沒有實體的。說眞，必須妄來顯眞。說妄，妄是對著眞來說的，眞來顯妄的，沒妄怎麼能達到眞，沒眞怎麼能達到妄。這都是觀照般若，離開文字。當你腦子想的，思惟很重的人，他思惟到入定的時候，一年兩年不睡，沒有什麼關係的。有智慧的人，他不昏沈的。有智慧的人，一劫兩劫都無所謂的，十萬年八萬年他還可以在這裡。有智慧的人作任何事情，都叫方便善巧，從根本智生出的方便智。沒智慧的人作任何事，糊裡糊塗，都是錯誤的。作一個就把自己束縛起來，沒有智慧的方便，就束縛了，自己把自己束縛了。但這些智慧怎麼生呢?要入定,心裡要靜靜的,像一河水,沒有波浪的水,什麼都照得見,這叫智慧,這得有定力。下一個講正心住。

第六正心住。

佛子。云何為菩薩正心住。此菩薩聞十種法。心定不動。何者為十。所謂聞讚佛毀佛。於佛法中心定不動。聞讚法毀法。於佛法中心定不動。聞讚菩薩毀菩薩。於佛法中心定不動。聞讚菩薩毀菩薩所行法。於佛法中心定不動。聞說眾生有量無量。於佛法中心定不動。聞說眾生有垢無垢。於佛法中心定不動。聞說眾生易度難度。於佛法中心定不動。聞說法界有量無量。於佛法中心定不動。聞說法界有成有壞。於佛法中心定不動。聞說法界若有若無。於佛法中心定不動。是為十。

人家說佛法好,讚歎,毀謗佛法,污蔑佛法。不管讚毀,心定不動。不是對我個人讚毀,而是污蔑佛法。我們是佛弟子,讚佛的,謗毀佛的,讚歎跟謗毀,心不動,這就定了。我們不用說謗毀佛了,聽見人罵禿子,我們的心就動了,因爲我是個禿子。現在沒關係,現在爲什麼沒關係呢?以前我們的歷史,男眾都留頭髮的,大家看看古來的相，除了出家人之外，都留頭髮的。現在到了民國之後，現在世界上，軍隊都要剃腦殼的，全變成禿子，他說禿子，你可以不動心的。佛不同，我們信仰佛的，供養佛的，天天讚歎佛，供養佛，我們高興。人家罵佛，毀謗佛，我們的心就動了。等到了正心住的菩薩，他不動心，他面對讚和毀，平等平等。

「聞讚法毀法，於佛法中心定不動。聞讚菩薩毀菩薩，於佛法中心定不動。聞讚菩薩毀菩薩所行法，於佛法中心定不動。」前面說佛寶，現在說到法寶，對三寶的毀和讚，正心住的菩薩看著平等平等。他了解佛性、法性、眾生心性，平等平等，這是般若智的觀照。大家念《心經》，知道觀自在菩薩，只把他當成菩薩，從來沒想到他的名字的道理。他於一切法自在，一觀就自在，他常時觀，觀成就了，所以，他自在。毀謗三寶，讚歎三寶，他看著平等平等，其心不動。

「聞說眾生有量無量，於佛法中心定不動。」我們前面講的方便住，有那麼多眾生，有那麼多眾生要度，無量眾生無量眾生，他於佛法中，心定不動。聞說眾生有量，或者無量，其心定不動。度一個眾生就是無量眾生，度無量眾生也還是一個眾生，有量無量是數字上的。

「初自分內，由成就般若，了法性相，故皆不動，名爲正心。」成就般若智，了解一切諸法的性和相，性相一如，故皆不動。怎麼不動的呢？般若智慧，這叫正心住。一般的說，我們是佛弟子，三寶弟子，人家毀謗三寶，在其他的經教，爲法忘身，護持三寶。到了正心住的菩薩，他不動心的，看著平等平等，沒有苦惱，沒有歡喜，沒有憂愁。一切都達到了法平等，一切法平等平等。一個有量，一個無量，有量是多，無量是沒有，有量是常法，無量是斷法，他不落於斷常二邊。

讚菩提，菩提跟生死二邊，他也不動。不住二邊，獨顯中道，正心住菩薩遠離這些。清淨、垢染，都如是。眾生太多了，難度，他都不動。到了第六住的菩薩，正心住的時候，他對二邊法都能獨契中道，不落斷，不落常，不落有，不落無，於佛法中心定不動，於兩邊的事，任何不動心。

這個心是什麼呢？是性體。我們眾生心跟佛心，平等平等的。這一位的菩薩，他就住在平等上，不落二邊。像這位菩薩，住到正心住，他還向前進步不呢？他才是住位，還是第六住，他要利眾生，約他所知，他知道這個世界，一切諸法是緣成的，他入了定心。在法體上有有相的，有無相的，體是無，相是有。他所觀照的，所謂定心是定到什麼地方呢？修定了，定到什麼地方？他只是相似，不是證得。證到六地菩薩，那跟六住完全不一樣了，這是定。不發心的，就像我們不發心的，沒發菩提心的，根本不理解，已發心的，發了菩提心的，就相信了，決定了，心跟佛跟眾生，無二無別，這個正心住的菩薩，他就成就這個。垢和沒有垢，清淨和污染，這是分別。等利益眾生的時候，起妙用的時候，那不同了，他從定而起定，出定了，那不同了。

在大乘教義裡，在哪個地位上，所有的法相、所有的情況，只在這個地，可以通前不通後。因爲他得到正心住，住在正心，一切皆不動。但是，他比八地菩薩、不動地菩薩又不同了，在哪個位置說哪個位置的話。動不動，就在動的時候他不動。正心住的菩薩，不動。這些道理，約眾生方面說，大悲大願，要度一切眾生，了了法界性，三位一體的。但是眾生不了，他站在眾生的立場上，他要發大悲大願。站在菩薩立場上沒有，諸佛度眾生，他觀見眾生苦，菩薩發起大悲心度眾生。大悲心並不是隨著眾生去受苦難，沒有。他度眾生，《金剛經》上說，度眾生不見眾生相。如果見眾生相，就是在纏眞如，那就不對了。斷常增減在正心住的菩薩，他都不動，就是不動心，不被相所轉，心不被相所轉，他就正定。因爲他了解法界性，沒有量、沒有多、沒有少。體和相，他懂得了，體是沒有的，相是有的。在有的當中自在了，在無的當中，他也證入了，心定了。

定了，有沒有方便善巧呢？利益眾生不呢？在方便善巧上不隨眾生轉，這個定是在五住上面而起的正定住。他在度眾生的時候，不隨眾生所轉，說他在定。方便善巧必須得有正定，沒有正定的方便善巧，容易落於邪思，就是方便善巧不能成立。這些菩薩爲了利益眾生，可以不遵守佛的戒律，雖然不遵守佛的戒律，他並沒有犯戒，他正住。每一位菩薩跟每一位菩薩行菩薩道的時候，稱法界性的大悲大願是沒有限量的，他就住在這個上面。並不是悲願都沒有了，什麼事都不管了，那叫什麼住？想達到正心住這種境界，也得修十法。

◎釋　文

佛子。此菩薩應勸學十法。何者為十。所謂一切法無相。一切法無體。一切法不可修。一切法無所有。一切法無真實。一切法空。一切法無性。一切法如幻。一切法如夢。一切法無分別。何以故。欲令其心轉復增進。得不退轉無生法忍。有所聞法。即自開解。不由他教故。

這叫什麼呢？聞思修三昧。聽聞的一切法，所聽聞的，所了解到的，一切法皆無相，一切法皆無體，無空，無實，如夢如幻，離一切分別。但是，聽法不斷，常聞如是義，經常聽的都是這個道理。聽一切法，就是一個道理，一個義，一切法即一義，顯性體的。理法界的理實，理實就是實際一眞法界，所聽聞的就是一個道理，理實。但是，要思修，這叫什麼呢？聞思修三昧。聞法了經過思，思之後經過修，修之後證實了，一切法無相無體，等同一味。就像我們一天吃的菜，吃的飲食，甜苦辣酸，等同一味，舌根變的，喉嚨一下去，沒有了，沒有什麼叫辣、什麼叫苦、什麼叫甜、什麼叫酸，沒有了，等同一味，就是這個涵義。你自性的相不可得，自性是體，體所生的相不可得，幻化無實的。緣起諸法是想，思惟成的，緣起的諸法不是眞實的，是緣起的。

眞實是什麼呢？是性空。圓成實性是清淨的。凡是緣起所生起的都不是實在有的，它是假諸緣，緣沒有了，這個法不存在了。從這顯性本空寂，自性本來是空寂的，連空寂的性也要離開。離一切取捨，形容這個正心住，染淨一切諸法，分別對待，一律都不取，得到什麼呢？順法忍故。忍一切法生滅，忍一切法，忍受，它往後進，進到不退住。

這是隨順無生法忍，還沒證得無生法忍。忍可一切諸法無生，就是無生法忍，忍可一切諸法無生，隨順法性體的。無生法忍，就是忍一切法無生，無生故無住，無住故無滅，無生住異滅之相。忍可一切諸法，就是成就了法性，入了法性。真正證得無生法忍，必須得到七八九地菩薩，真正證得無生法忍，再不退忍了，這是第六住的正心住。前面講方便，第五住具足方便住，不能太方便了，第六住就進到一切不動，心不動，住在正心上面。

第七不退住。

佛子。云何為菩薩不退住。此菩薩聞十種法。堅固不退。何者為十。所謂聞有佛無佛。於佛法中心不退轉。聞有法無法。於佛法中心不退轉。聞有菩薩無菩薩。於佛法中心不退轉。聞有菩薩行無菩薩行。於佛法中心不退轉。聞有菩薩修行出離修行不出離。於佛法中心不退轉。聞過去有佛過去無佛。於佛法中心不退轉。聞未來有佛未來無佛。於佛法中心不退轉。聞現在有佛現在無佛。於佛法中心不退轉。聞佛智有盡佛智無盡。於佛法中心不退轉。聞三世一相三世非一相。於佛法中心不退轉。是為十。

聞十種法，堅固不退。看來跟六住相似，但是這個進了，不退了。前面說是人家謗三寶，毀謗三寶，他都不動心的，正定。前面是正心住，不動念，不隨著相轉。這個是講聞著有佛無佛，有法無法，有菩薩無菩薩，也是三寶，佛法僧三寶，於佛法中心不退轉。現在我們是無佛時，只是釋迦牟尼佛的末法，或者是彌勒佛降生的時候，現在我們是無佛時代。有佛也好、無佛也好，他於佛法中心不退轉，這是於菩提道的覺道心不退轉。佛就是覺，聞到覺法，他的心不退轉，他就覺悟了。聞到有佛無佛，有法無法，有菩薩沒菩薩，就是三寶，有三寶沒三寶，他心裡都不退轉。聞有菩薩行無菩薩行，於佛法心不退轉。菩薩是行持三寶的，僧寶是行持佛法的，有菩薩行沒菩薩行，他心裡都不退轉。

或者聞有菩薩修行出離，修行不出離，於佛法中心不退轉。在〈三要道〉當中講出離，大菩薩不出離，出離了怎麼度眾生呢？所以說有修行出離跟修行不出離。修行出離的時候，斷一切煩惱證菩提。修行不出離的時候，在眾生，斷眾生的煩惱，不出離，其實還是出離。聽到說菩薩修行的時候，有的菩薩修出離法，有的修行不出離法，第七住的菩薩，他的心不退轉，不失去他的心念住，住在不退轉上，不退住。

「聞過去有佛過去無佛，於佛法中心不退轉。聞未來有佛未來無佛，於佛法中心不退轉。聞現在有佛現在無佛，於佛法中心不退轉。」三世，過去未來現在。住位的菩薩略進了一步，不過他行菩薩道。前面是六住，這是第七住，這是不退。聞到任何的是是非非，跟前面的毀謗三寶，或讚歎三寶，毀譽不動。這個是有佛無佛，心不退，相似。

「聞佛智有盡佛智無盡，於佛法中心不退轉。聞三世一相三世非一相，於佛法中心不退轉。是爲十。」這段經文跟前面一樣的，對於三寶的認識，乃至於對佛的境界，對於一切佛法，皆言不退轉。因爲第七住的菩薩入了無生，無生就無住，知道諸法無生亦無住。就是他所知道的，所聞到的法，畢竟空，空就是理。把一切事物都會到理，這裡正心住又進了一位，會一切事都入了理了，使他的心不動。同時，他能事和理，事即是理，理即是事，理事雙現，在他心中，理即是事，事即是理。這種道理我們現在只能理解體會。

我們初發心，行菩提道。乃至於我對一個人，我勸他念一句阿彌陀佛，在我勸他這個事上，事即是理。怎麼事即是理呢？我勸他念佛的時候，他的心生起佛，我的心生起佛，所念的佛，三位一體。我們沒有這樣學過的，不是這樣發大願用心的。你勸人念佛，你又沒有體會到，我你他，中間還有個佛，三位一體。也沒有我能勸他，也沒有他這個所勸者，也沒個佛號可得，三位一體，這叫畢竟空。這空跟頑空可不同，別解釋成頑空，頑空是什麼也沒有了，也沒有勸，也沒有佛，什麼也沒有，那叫頑空。

這就是《華嚴經》的理事無礙法界。他的心永遠不退，心從理從事，心不退，這是指說的心。從第七住的位，從這個事相的事，從理法界的理，理法界、事法界，七住的位，一律都不退，這叫會事入理，心不動。在理事雙現的當中，其心不退。不論從事向理也好，從理向事也好，理隨事行也好，事入於理也好，一切皆心不動。

這個道理，通俗一點解釋，比方說你入（如）廁的時候，念〈淨行品〉的偈子，「大小便時，當願眾生，棄貪瞋癡，蠲除罪法。」這個念的是文殊師利菩薩教授的觀，但你所作的事是不淨的，這個淨和不淨跟文殊菩薩所教授的，這個是事，大小便是事，棄貪瞋癡是理，在這個事上表現理，這叫會事入理。我們說煩惱了，今天很煩惱，或者外界的環境、客觀現實很煩惱，那你不煩惱。把煩惱事，會煩惱爲理。我今天作事，作得很不順利，把這事認眞了，不能如夢幻泡影，也不能把這事觀想入理，那就心動了。在煩惱當中你不煩惱，你不煩惱呢？這個是事，這個事，任它怎麼樣，不隨意，沒關係。在理上呢？這個事沒有，會事歸理，理不存在，歸於事。事不存在歸於理，理還照樣是理，事還照樣是事，兩個雙現，心不退。也不要轉一下子，煩惱即菩提。煩惱就是煩惱，菩提就是菩提，而你的心不退。這個要證實，就像佛要成道，魔王波旬現了多少魔女圍繞著，佛不動心。事還是事，佛不動心是理，心不動故。到了這位菩薩，三世一切世間相他都不退轉，爲什麼？他入了無生。這個意思，我們是體會不到。

我們的心看到這些煩惱事，能夠不動念，煩惱就是煩惱的事。心不隨境轉，你不煩惱，根本沒有事，就像沒有事一樣。人家砍你的腦殼，你慌不慌，煩惱不煩惱？沒有事，砍了腦殼就掉了，沒有事。事歸事，理歸理，理事無礙，理事雙現。僧肇法師（參見〈景德傳燈錄〉，「教外別傳」），人家砍他腦殼時，他說：「將頭臨白刃，一（猶）似斬春風」，拿腦殼在刀子裡頭過，就像刀子在春風裡頭砍一樣的。

爲什麼有這種境界？我來證實這句話，事歸事，理歸理。事上殺了就殺了，理上呢？無所謂，殺了跟沒殺一樣的，殺了跟活著一樣的。我們就不行。

這是什麼呢？拿這形容不退住的菩薩，事理雙現，心不退。到這住位的菩薩，從理向事，叫理隨事行，理隨著這個事，這是第七住的菩薩，他有這種現相。前面六住的菩薩有這種相，有垢無垢，或有垢染無垢染。有垢染是事，無垢染是理，理是理，事是事。或者是垢染即無垢染，垢染是事，事從理了，理成事了，這叫理事無礙。

教化其他眾生的時候，一個是大悲心，一個是大智心，悲從智，大悲心要救他，救他得有智慧，用什麼智慧來救他？悲一定得有智慧。大悲心是內，有智慧是出，悲心不出。生起大悲心來了，看眾生苦。那度他的時候，想方法是智慧，那不是大悲心，那是智慧，所以大悲必須從智度。這個可能我們一時還不能理解，慢慢的多學習就懂得這個道理。這兩個問題，一個事，一個是理，一個是有垢，一個是無垢，在事上是有垢，在理上是無垢。

在生活當中，我們是在垢染當中生活。但是我們學佛，學《華嚴經》的時候，是無垢染的，是清淨的，這個清淨轉那個有垢的，只在這一個多小時的時間，是清淨的。你心裡想的華嚴境界，我們講方便善巧、正心住跟不退住，三個合成一個講，都是對三寶。謗毀三寶跟讚歎三寶不動，正心不動。他這個聞到讚歎的聲音跟毀謗的聲音，平等平等，他的心絕不動念，所以他不退。住到什麼上面？住到平等性上面，這叫平等性。這就是《華嚴經》講的事法界跟理法界的界限，理事無礙的界限，到了理事無礙。

我們說行菩提道，悟得純理，要去作，菩提道怎麼走？走在菩提道上，這是事。事即是理，我所作的就是法界性，法界性就是這個事。事能顯理，理能成事，之後達到理和事是無礙的。我們現在的生活完全是事，我們在這學習完全是理，把我們所學的理，運（貫）用到我們的事上，這就是理能成事。

我們在事上所作的事，現三寶相，我們一切法唯心，如夢幻泡影，全事歸理，所作的事全是理，所謂無生無滅，如夢幻泡影，這是純理性的話。事上是現實，多用思惟，就是觀照般若。現在我們講的是語言文字，你得觀照，觀照久了，漸漸就進入了。證入的時候，達到實相。但這個過程很長，一萬個大劫、十萬個大劫都不曉得。但這個過程是這樣，用文字表達語言了，之後你就觀照了，他說這話你想想，琢磨一下，就是修行，就是觀照了。等你得到了，那你生大歡喜，罪業消失，法性理體顯現。

入了住位的菩薩，入了不退住的菩薩，這個菩薩是這樣來的。若自己修行的話，有垢、無垢，有煩惱、沒煩惱，一個顯事，一個顯理。在思惟當中，行爲當中，生活當中，每天你都運用好多次。你的思想就運用這些，一個是事，一個是理，你都運用好多事，一想到佛法去了。佛不叫我們作的，那是理，我們作的，那是事。不叫我們作的，我不作這個事，把這個事消失了，入了理了，入了理再顯這個事。這麼一講，好像又深化了，其實就是日常每天都這樣作，一用文字上，一用觀照般若，就是修行。你沒有這個觀想，也沒有這個願力，就像隔著一張紙，當你沒通的時候，如隔萬重山。當你明白了，一捅破了就是了，沒明白，隔著萬重山。悟跟迷，就是一念之間。前念迷了，後念覺悟了，忽然間高興了。你煩惱的時候，正在那很煩惱，你念佛念的高興了，或者修行幹什麼，或者一聞法了高興了，沒有了，就是一念間，迷悟之間一念間。所以說三世一相，其實三世是一相嗎？非一相。一相也好，非一相也好，心不退轉哪。

第七住，不退住，心不退轉了，不再退回去了。或者聽到佛的智慧是有盡的，佛的智慧還有盡嗎？心裡頭起問號。佛的智慧是無盡的，不管有盡無盡，於佛法中心不退轉。這裡頭都有個於佛法中心不退轉，佛法呢？別想到佛說的那個，想到佛法是覺法，在你覺悟當中這個心哪，再不退轉。

第六住、第七住，都有個心不退轉。這兩個意思，作一個意思解。一個「於佛法中心定不動」，一個「於佛法中心不退轉」，涵義是一樣的。六住跟七住，五住跟六住，非常相似。這相似位，沒有好大差別的。但到地上菩薩不行了，前地不知後地事，三地就不知道四地是什麼事。前面位的菩薩大概互相知。

不退住，現在講起來比較困難，意思就是這個道理很深，必須得用比方來顯示，整個第七住的經文，說過去的佛，過去是有佛？沒佛？無論有佛沒佛，第七住位的菩薩，他的佛法的心不退。過去又說未來，未來有佛，未來無佛，現在有佛，現在無佛，後面一句都一樣的，於佛法中心不退轉。說佛的智慧，佛的智慧是有盡？是無盡？七住菩薩，他聞了，心不退，所謂住者不退是指三世諸佛，三世菩薩的智慧，三世菩薩的住世。沒有到住位菩薩以前，凡夫這個心就退了。佛的智慧有盡無盡，就問這麼一句話。我們所知道的其他經論所講的，佛的智是無盡的。爲什麼在此地說佛智有盡，佛智無盡，約什麼說的？不是在佛邊說的，是約眾生邊說的。

例如佛所說的經法，所說的教法，這是佛的智慧。佛不在世了，佛在世的時候以佛的智慧教授眾生，當然得度了。佛不在世了，佛的智慧不是沒有了，當時佛所說的法，還流傳於我們世間，流傳到末法。在這個意義上說，佛智是沒有盡的。有的時候約佛是度眾生說，有盡無盡不是佛的智，是眾生的善根、眾生的機，眾生機他不理解了。

佛的有盡也好，無盡也好，是從一切佛所說的法，眞空的。佛所說的法是事，約事上說的，把這些事都會歸到理上說，有時候單顯事，約事相上說，佛的降生，八相成道，這都是事。事沒有了，過去就沒有了，這叫有盡。這只是佛的化身。佛的法身，沒有盡，有時候顯理的時候是事盡了。有時候理沒顯，被事障了，理障了不現了，這種情況到了七住的菩薩，他的心不退，不論事、不論理都不退。他把事都變成理，或者是光顯理不顯事，那現在理和事雙現。那事是事，理是理。隨著文說，佛的智有盡，佛的智是無盡的。

爲什麼說有盡呢？眾生的機，因此說眾生的機盡，佛的智盡。佛的智慧是無盡的，這是肯定的。佛的大悲心，只是個大悲心，約理上來說，佛的大悲心，一切眾生都是空的，眾生皆是空的，與佛無二無別的，空義上無二無別的。那佛智就不顯現，沒境了，佛的智是不顯現的，境和智是一對，有境才顯佛的智慧，無境了佛的智慧不顯現。不顯現是不是佛的智慧盡了呢？沒有。佛的智是有和無，是隨眾生機的。眾生不見，就是無了，有機可度就是現了。那麼，要就說化度眾生故，大悲心，大悲心是不出的，是心內大悲，利益眾生的方法是智慧，智是出的。在悲上面，我們說經常說佛是大慈大悲，佛觀一切眾生皆空的。眾生既然空的，哪有眾生可度，無生可度。

在理上講，沒有什麼有垢無垢，有生可度、無生可度，全不成立。說有盡，說無盡，不論在什麼境界上，第七住的菩薩，他都明了了。過去現在未來說三世，三世是一相，三世一相。過去非過去，現在非現在，未來也非未來，三世就是一相。說三世非一相，過去現在未來唯心所現，隨眾生機，沒有一個過去，也沒有個現在，也沒個未來。過去諸佛，現在諸佛，未來諸佛，皆空寂故。所以說三世一相，一相者無相，三世非一相，過去就是過去，現在就是現在，未來就是未來，就是非一相。我們眾生聞到這個法，乃至修行去，你的心情鬧不清楚了，有時就退轉。到了七住的菩薩，他這個智慧深入了，不隨事行，他隨著理，但是事是事，理是理，他的心不退。理徧於事的時候，理徧於事就是隨事而行，七住菩薩，其心不動。

這個道理怎麼講呢？比如法師講經，如果聽眾很誠懇地聽，那法師講起來，他的心跟大家心相合，他就高興了。我在這講，你們在那都乖瞌睡，我就心裡講不下去了，這叫心動。什麼是不動？你高興也好，你不高興也好，聽也好，不聽也好，我說我的，你睡你的瞌睡，我根本不管你們，那這個不動，又是錯誤的。怎麼樣不動呢？知眾生機，這個眾生緣還淺，隨緣，其心不動。到了住地的菩薩，七住的菩薩，他在利益眾生的事業上，不管眾生信也好，不信也好，他不動搖，知道這部分眾生機未成熟，知道那部分眾生，信者能入者，得度者，機已成熟。

凡夫僧不行，沒到這個位置不行，他的心是動的，如果大家都很讚歎，他講起來很高興的。這個舉起手，說我有問題，那個舉起手，說你這個問題講的不對，得了，你的心動了，隨著眾生機動了。到了七住的菩薩，不論聽到佛法，說的法，說佛的智慧。動和不動，這個動和不動是什麼呢？是佛的權巧方便，說實法，顯實、顯權，權實二種。我們每一次講這裡都有權有實，實是眞實的義理，權是善巧方便，隨緣，說個比喻，說個譬喻，這都是權巧的。你說這件事，是有？是沒有？說有不對，說沒有更不對，說也有也無，亦有亦無，也不對，非有非無也不對，這叫「離四句，絕百非」。到了住地菩薩，乃至聞到三世諸佛，不只這幾句話。

不退住，怎麼叫不退？它有十種法，我們現在講最後三種，有佛無佛，現在我們是無佛，末法。有佛，說阿彌陀佛在極樂世界，東方藥師琉璃佛在藥師琉璃光世界，南方不動佛在不動世界，這是有佛。無佛是我們此土無佛，說心佛與眾生，是三無差別，沒有佛。眾生成就了，佛也是名詞，但是到了住位的菩薩，不管有佛無佛他心不動的，不隨著轉。

有佛沒佛、有法沒法、有僧沒僧，不隨著轉，三寶沒三寶，其心不動。說過去佛，過去有佛，過去無佛，他的心不退轉，不管有佛沒佛，其心不動。過去未來現在三世諸佛，先說個三寶，之後說三世諸佛，之後說佛的智慧，乃至於再說我們，說眾生有垢無垢，有垢染沒有？眾生有煩惱沒有？我們是眾生，我們知道有煩惱。這是相，他給你講到理上，眾生沒煩惱，眾生與佛無二無別。那從理上講，從實相上來講，但這個隨緣了，他已經迷了本性，眾生就是眾生。眾生有垢沒有？有，他現在不得出離，六道輪迴，他的體沒變，他的性體是無垢的。像聞到這種道理，我們凡夫就生起了很多複雜的觀念，到七地住位的菩薩，他這種沒有了。

我們說有三寶有佛法，這是正信弟子，不正信的他說沒有，不退位的菩薩聽著你說有也好，說無也好，他不理你的，他不動、不退轉！不但信不退，位也不退了。不論眾生界有盡，或者眾生界沒盡，他都心不動的。像十住位的菩薩，他要修行經過那麼長的時間，我們修到住位，十信的時候就修了一萬大劫，你到十住位，雖然相似了，去利益眾生，還經過很長很長的。沒說時間，因爲這些住位的菩薩，行位的菩薩，迴向位的菩薩，看個人根機，有快有慢。有的很快就悟入了，有的經過很長時間，這說他不定。有的時候先說佛的智而後說境，智在前境在後。有時先說事，事就是境，境在前，智在後，錯綜複雜。先智後境，看見境有盡，因爲智慧也有盡的時候，先說事後說理的時候，無盡，智永遠無盡。

約自體的本性來說，說有盡說無盡。無盡呢？就是窮未來際，有盡呢？現在這個階段，佛不在世了，智沒有了。佛沒在世，哪還有佛的智慧，還在嗎？現在我們要求釋迦牟尼的智慧來度眾生，在嗎？佛又示現千百億化，沒盡，還在度眾生！不論約理約事，只要經常思惟，不是從文字，文字找不到的，你從文字，或者你理解了，那不是理解的。或是約我們所知，所知就是我們所知道的，佛法有盡沒有？有盡，有個時間佛法沒有了，什麼都遇不到了，這就有盡了。又隔一段時機，佛法又有了，永遠如是，是有盡？是無盡？智慧是無盡法，既然智慧是無盡法，在事相上見不到了，見不到就是有盡了。

在《法華經》上說，「唯佛與佛，乃能究盡諸法實相」，現在沒有究盡諸法的實相，沒有究盡諸法實相的時候，認爲佛智有有盡、有無盡，無盡之法變成有盡。有盡呢？其實還是無盡，菩薩要達到究竟了，完全了解了。不是佛的盡智，是眾生的惑盡。眾生什麼時候惑盡呢？觀眾生皆空盡故，觀眾生的體，皆空盡，就好像佛的盡智了，佛的盡智沒有盡的，智體湛然，常時如是。利益眾生的時候，觀眾生的時候，有時候，眾生界盡，這就盡了。眾生界盡，但是眾生的相，永遠是無盡。眾生的相，就是眾生的業，輪轉的時候，永遠是無盡的。反反覆覆說，不能拿十住菩薩跟十地菩薩來作例子，也不拿前面的十信位跟十住菩薩作例子，就其本位，不言其他。要是這麼一研究，那你對佛法就有退有盡。

佛子。此菩薩應勸學十種廣大法。何者為十。所謂說一即多。說多即

一。文隨於義。義隨於文。非有即有。有即非有。無相即相。相即無相。無性即是性。性即無性。何以故。欲令增進於一切法善能出離。有所聞法。即自開解。不由他教故。

「說一即多」，一個人就是我們世界上六十億人，那還不只此，因爲別的星球、別的世界我們不知道。就說這個世界，一是人，六十億是多，人就代表了，只說人類，說一個人是少，六十億當然是多。一即是多，一個人就是六十億個人，這一個人代表六十億。六十億人是多了，多即是一，就是人，這意思很深了，我這個比喻是淺近的比喻。如果是文字，文字隨義理，義理就是一個，文字可多了，三藏十二部，大藏經文，別說大藏，現在那小冊子，這個寫個著作，那個寫個著作，這個說幾句開示，那說幾句，現在收集攏來有很多。義理只有一個，看哪個爲主？哪個爲伴？要是文字只講一個道理，講成佛，成佛就是了，那很少。若把成佛的道理用文字顯現出來，那文字可就多了，無窮無盡的了。

「非有即有，有即非有」！經常講鬼，有些人看見鬼，有些遇到鬼，大家不承認，是有鬼？是沒鬼？非有，那他確實看見了，確實是有，「有即非有」，他現在上午還在，下午就撞車了，撞了車了死了，死了火化了。上午有，下午就沒有了，這個有就靠不住了，有就不是有了。一切法就是反反覆覆，顯什麼？讓你明白自性。七住的菩薩，應當用這十種法認識佛法，認識覺悟的方法，也要認識世間法。覺悟的方法就是義，世間法就是屬於文字的，隨便舉哪一法，是有？是沒有？非有即是有，有就是沒有。

「無相即相，相即無相。無性即是性，性即無性。何以故？」爲什麼這樣說？「欲令增進於一切法善能出離，有所聞法，即自開解，不由他教故。」這是十住，前面講七住的菩薩，不退住的菩薩。這得說佛法的教義，一個是權，一個是實，一個是一乘佛教，一個是三乘佛教。對著什麼樣的人，就是對待什麼樣的根，說什麼法。

在我們世間人說，對什麼人說什麼話，是投機。但這不是投機，我們把它解釋爲對機，對什麼樣機就說什麼樣法，法門無量。無量的法僅是一個，一個什麼？一個覺。就是讓眾生覺悟，說無量的法達到一個目的，覺。爲什麼要說覺呢？因爲眾生不覺，因爲不覺故而說覺，覺是約理上說，不覺是事。覺能成就不覺，從不覺而能達到覺，不覺是事，覺悟是理。無量眾生是多，度無量眾生成佛，覺悟是一，都達到覺悟。

這裡有同體，有異體。我們講《華嚴經》的時候，六相、十玄、四法界，總相、別相、同相、異相、一相、多相，這個你先理解了，佛法有事、有理、有權、有實，權就是方便善巧，權巧施設的，不是常法。實是實實在在的，這是常法。實法上面就不可說不可說了，就是一眞法界，每個人所具足的法性、佛性。現在我們所以發心出家學道學法，目的是達到什麼呢？從不覺達到覺。因爲我們有多種多樣的過去習氣，過去的業障，佛就無量無邊的法門，看你依哪法得能成就。同是事能顯理，理又能成事，多即是一，一即是多，到了住位的菩薩能達到這種圓融了。文字顯出義，義又能成爲文，怎麼顯的？怎麼成的？密意。凡夫本具的佛性，怎麼變成的凡夫，這是密意。凡夫已經迷了，又怎麼能成到佛？還是密意。一個善巧方便，一個眞實不殊（虛）的義理。一言一句話能顯出很多的道理，能寫出很多的文字。之後還歸於一心，隨這個文字，說一即是多，多也就是一。

剛才用人作比喻，一個人，多人，多人也是一個人，也是人。一個人也是一個人，用這個觀想，大家去體會這個道理。但是人跟人不同，這分析了，就多了，人跟人不同，有男人有女人，有老人有小人，有黑種的、白種的、黃種的、紅種的，皮膚也有不同，不分析他，就是個人，這就是一。分析他，就多了，就在眼前的事物當中去找，找你能夠開解的，開解的就是我明白了，就是這麼回事，就是開解了。聞法開悟，覺悟了，乃至我們要說苦，苦就是苦，不行！得分析，是什麼苦？生老病死，愛別離，怨憎會，五蘊熾盛，求不得，無窮無盡的苦！苦就是不舒服，難過、受罪，就是苦。若分析，一開闊的時候是多，合攏來就是一。這十種廣大法，都是這樣子，一多如是，其他的諸法都如是。

你在學佛法的時候，要懂得佛的權法，權法不是眞實的，前面第五住的具足方便住，那是方便法門，不是眞實的。實法是眞實的，但是怎麼能達到唯心，怎麼能達到明心，怎麼能達到開了大智慧，跟佛無二無別？這就沒辦法了。因此，在你學習權實，知道權實了，哪是佛的眞實法？哪是佛的方便善巧？說很多法就是爲了一個目的，覺！都覺悟了，成佛了。那直接說成佛就好了，這個方法是有，就像禪宗說，坐著坐著頓悟，悟到佛的教理了，突然間明白了「女人能生小孩」，大家聽著是笑話，不是笑話，我們過去祖師列傳上有這麼開悟的。他不知道，人怎麼來的？天天給他解說，說媽媽生的，他開了悟了，他大徹大悟了。

這是我們聽到的，好像很奇怪，一點不奇怪。有一位老太婆住在山裡，就只念：「嗡嘛呢叭彌『牛』！嗡嘛呢叭彌『牛』！」念了好幾十年。有一位修行者，他來到這座山，一進去好比進到五臺山，這座山的氣候變化、充滿靈氣，跟別處不同，他認爲這山裡有大修行人！就去找，找來找去，看見一位老太婆住山洞裡頭，生活很艱苦的，他感覺這座山充滿靈氣就是她的功德。

問她修行什麼法門？她說：「我什麼法門都不會，就知道念『嗡嘛呢叭彌牛』！」大修行者跟她說：「妳念錯了！」「我修了好幾十年，也錯了好幾十年！」她問說：「怎麼才對呢？」「念『嗡嘛呢叭彌吽』，就對了！」這位老婆婆就把「嗡嘛呢叭彌『牛』」改爲「嗡嘛呢叭彌『吽』」，那位大善知識跟她說了幾句話，給她糾正，人家就走了。

又隔了幾年，他又轉到這個地方，一看這座山，什麼靈氣都沒有了，哎！他知道自己犯了個大錯誤，誤導人家。他又找到這位老婆婆，看見老婆婆就念「嗡嘛呢叭彌『吽』」，這位大善知識曉得自己犯錯誤，跟她說：「我跟你開玩笑的了，你還是念你的『嗡嘛呢叭彌牛』！」老婆婆說：「你眞會開玩笑，我修行這麼多年，你給我改了，改之後你又讓我還回來念『嗡嘛呢叭彌牛』，好了，我再念『嗡嘛呢叭彌牛』！」她就如是再修。這位大善知識這回沒立即走，就看！她修沒好久，恢復原來的靈氣，山的氣勢恢復了。

這個道理，大家怎麼解釋？不是法，是心。一切法就是明白心，那個法是指示你的心，這叫專注一境。她的整個心念，就是「嗡嘛呢叭彌牛！嗡嘛呢叭彌牛！」人言密意，好多的咒，咒語你根本不知道，不知道什麼涵義，就是念，這叫密意，一即是多，多即是一，這都是密意。

明著講你都知道就這麼回事，一到咒語上就不同了。「嗡阿吽」，大家都會念，天天都在念，什麼意思？念就好了，念到你的心什麼都沒有了，就是一個「嗡阿吽」，「嗡嘛呢叭彌吽」，「嗡阿吽」，就行了。「嗡阿吽」就是身口意，說把我們的身口意，密意是什麼呢？我們的身口意變成了諸佛如來的身口意，很簡單。在咒上若要講起來，那可就複雜多了。

同是阿彌陀佛，「嗡阿彌里達得杰哈喇吽」，這十個字就是阿彌陀佛的全部法身，包括法報化，包括極樂世界，這叫密意。要是顯，一即是多，就這麼幾個字，把它解釋出來，變成無窮無盡的！那就是一，就是阿彌陀佛的法身，也就是我們的法身。再講說這個非有就是有，明明說沒有，說沒有就是有，沒有還是眞有，你這個有是假有，你聽的糊裡糊塗。非有說一切法如夢幻泡影，在法上在實相上講，一法不立，什麼都沒有，叫眞空。那眞空，眾生不能理解，沒法進入，他迷了。不能理解，怎麼辦呢？那就多說一點，眞空不空，隨緣而產生一切妙有，這一妙有了，妙有不是眞有，妙有非有就是眞空，來回的句子是有和無，你要問一個究竟，是有？是無？那等你開了悟再說，開了悟你自己就知道了。

因此在圓融的法，一即是多，多即是一，有即是無，無即是有。生就是不生，不生就是生，在我們初入佛門的，聽到這些話，你就不能理解了。如果要理解的話，那是邪知邪見，不是正信的，怎麼樣？讓你契入。契入就是等你證得了，苦就修法對治，苦本來沒有，什麼叫苦？假名。說受苦，那看誰受！大菩薩受，他沒見著苦，是妙境。一切法要如是觀，修行對治，這種講法是講到華嚴境界理事無礙，或者到事事無礙，這都是實教的初住的菩薩，七住的菩薩能示現成佛。

約一切法的權和實，事和理，之後達到事事無礙法界，同體異起。就像阿羅漢證到無生，他圓寂的時候，上身出火，下身出水，上身出火下身出水，來回現十八變，他是小乘的，那他證得了，示現了，入定了，示現走了，這叫理來成事，大菩薩更自在無礙了。

爲什麼說這麼多呢？我們現在才是開頭，漸漸就深入了，盡是這種言詞，你必須從那個理解了，才能達到。理解什麼呢？原來本具足的性體是理，但是我們現了很多的現相，說男相女相，老相少相，這輩子現人了，來輩子還不曉得作人不作人呢？也行，變了畜生，但是理沒失掉，本具的性體沒失掉，這些都過程都是幻相，其實性體是空的。

性體是空的，隨它的業緣，變了不空了，性空與不空，究竟是空？究竟是不空？是一個？是兩個？非一不是一個，有個不空在裡頭，有個空在裡頭。又非二，非一非異，不是不通，是通的。讓你這樣的明白，事法界和理法界，有的是依緣而形成的，這叫依他起性，你見什麼執著什麼，見什麼計度什麼，這叫徧計執。從徧計執知道了依他起，說自一定有他，沒有他不能顯出自，是互相表法，在事上互相顯，實際上什麼都沒有。

說法性理體是空的，隨緣就變了。一到徧計執，理就沒有了，見什麼執著什麼，這個依他起的。依他起的無自性，這個桌子有桌子嗎？沒有，人工作成的，依他起的，沒得自性。到圓成實了，那就一切都成立了，我們眾生就是徧計性，依他起性，圓成實性。沒什麼染沒什麼淨，這是二邊的力量，二邊的意義都不存在，就是唯一性。迷和悟，經常我們講三自性、三無性，這些道理都是要自己思惟修。沈於事，就流浪生死六道輪迴，偏於理墮於二乘，理事無礙，這就是菩薩，這叫自在無礙。

第八童真住。

佛子。云何為菩薩童真住。此菩薩住十種業。何者為十。所謂身行無失。語行無失。意行無失。隨意受生。知眾生種種欲。知眾生種種解。知眾生種種界。知眾生種種業。知世界成壞。神足自在所行無礙。是為十。

佛子。此菩薩應勸學十種法。何者為十。所謂知一切佛剎。動一切佛剎。持一切佛剎。觀一切佛剎。詣一切佛剎。遊行無數世界。領受無數佛法。現變化自在身。出廣大徧滿音。一剎那中。承事供養無數諸佛。何以故。欲令增進於一切法能得善巧。有所聞法。即自開解。不由他教故。

這位菩薩功夫更深了，童眞住第八住。「佛子，云何爲菩薩童眞住？」什麼叫菩薩的童眞住？當然跟不退住不同了，也不是正心住，也不是方便住，叫童眞住。童眞就是三業不失，永遠離習氣，這不是斷！要斷習氣，深入了，唯佛得之，任運無功。八住對待八地說的，跟八地相似，八地菩薩，不動地菩薩。以下詞句都同八地，八地講起來更深。十住菩薩就通於十地菩薩，這三十位都攝到一個裡頭去了，不但斷了煩惱還離開習氣，這得到八地菩薩才離開，現在童眞住菩薩還沒有，他是相似。八地菩薩認爲他已經修成，跟佛無二無別了。十方諸佛勸他，你還沒度眾生，功德不夠，理解力、悟得、成就跟佛無二無別了，必須得發心度眾生，得前進到善慧地說法，叫法師位，眞正的法師，說法利益眾生，之後任運而成就，到了法雲地，到十地圓滿了，這就成就了。

現在八住是童眞住，相似於八地，理中的道理，很多他悟得、證得，相似而非眞實的。八地菩薩證得佛的法身八分，將要成就了。已經三業無失，身口意三業都成就，無失是隨意受生，隨意動生，他能知道眾生種種的希望，欲就是種種眾生的欲望，眾生的種種解，他一度你，就知道你只有這麼大智慧，他只給你說這麼多的法。知道眾生的種種界，界是心，知道眾生的心，種種的生起，知道你過去所作的業，種種業，也知道這個世界上成住壞空。神足就是神通，神通自在，所行無礙。爲什麼加「神足」呢？因爲他的一切事業沒有障礙的。

我們又回歸講文殊菩薩教導我們的〈淨行品〉，〈淨行品〉是所有的身口意不失，不失者依著文殊菩薩的智慧，身口意業不失，沒有過失。沒有誤失的過錯，你得受行〈淨行品〉。這位菩薩所行的沒有障礙，都是不失。就像在〈淨行品〉他修成了，連死也不失，所以才達到身行無失，語業無失，意行無失，隨意，隨他隨意作意，絕對不會犯錯誤。他想受生，利益哪類眾生隨這類眾生，隨意，只要一作意他就生了。他度生就方便了，怎麼方便？他知道你想什麼，種種欲，眾生有種種的希望，他滿足你的希望。知道你的悟解到什麼程度，知道你的種種心。界是生起義，知道你從哪界來的，死後再到哪界，一生一生的，知你多生的事業，知你該作什麼。知道這個世界該成了，該壞了，什麼時候成，什麼時候壞，什麼時候住，他的一切都是自在的。

爲什麼叫童眞住呢？大家到黛螺頂，五文殊中間的那個文殊就是童眞住，示現童眞，這從小孩就出家，童眞入道。善財童子，《法華經》龍女，童眞悟道，童眞菩薩。很天眞的，很自然的，天是自然的，住於眞界。所以，才能達到三業不失，身口意再沒有過失。這類的菩薩能示現頓悟，「此是選佛場，心空及第歸」，他這一坐成了，大徹大悟，頓悟了，這個菩薩示現如是的，他想怎麼受生就怎麼受生，不一定住母腹，他可以示現化生，隨類示生，一切自在。

這個化生就是化體，他隨他的意願。所行的都是利他，利他就是利益一切眾生。利益眾生是什麼？變異，變化生身，就叫意生身，心裡一作意就生了，叫意生身，這得大菩薩。以他化度眾生的智慧，化境相符合，化度眾生境相適合，境是外頭的現相，緣起就是現相，這是自在意受生。

他也要修十種，勸修十種法，「所謂知一切佛刹，動一切佛刹」，十方一切諸國土，每個國土都有佛住世，每一個佛刹就是三千大千世界。知，知而能動，「動」者就起作用，能動一切佛刹。「持」是不失掉的意思，我們手拿個什麼東西叫持，持一切佛刹，地上的菩薩，能把這個佛刹搬到那個佛刹，那個佛刹搬到那個佛刹，觀一切佛刹。

「詣」呢？是到一切佛刹。遊行無數世界，每一佛都有佛法，到那個世界去，領受佛所教導，每個佛所教導的方式、方法絕對不一樣的。爲什麼？隨那個世界眾生的緣，到哪個世界就能現哪個世界的身，他是變化的，能現變化身。能出的音聲，音聲是徧滿的，沒有語言的障礙，怎麼徧滿法呢？說在這個地球上，就我們說這個小的，在這一個洲，到哪個人眾當中，只要有群眾你去了，所說的就是當地的語言，我們所知道世界語言中，英語很普徧的，華語不普徧。英語是世界通行語言，各有各的類，各有各的語言，到少數民族有少數民族語言，一個地區有好多地區的語言，一個省的語言都不同，這叫言音無礙。他能夠在語言上的障礙沒有了，他說法就容易了，他說到那個眾生當中，就說他們的音聲，他們都能聽得懂。在一切法的當中，他能善巧無礙，那一群眾生喜歡聞什麼，他就給他說什麼！知道他思想裡想的，他所要求的，這麼一說他就明白了，明白他就入道了。

這裡頭有是願力，「持一切佛刹」是他的願力，這個世界，像我們手裡拿件東西使他不失不壞，到哪個世界去就能承事供養聞法，無論哪個佛，語言、身行都是無礙的，聞佛的教導就心開意解，這是他所學的十法。這是假他的智慧，智慧就是觀，我們所說的，眞空絕相、理事無礙、周徧含容，大多數是具足周徧含容觀。那個佛世界有佛，他一定到，童眞菩薩到那個世界去，無佛世界的他不去。一說他意，叫意生身。二者身語就是三業，身語意。三業都通，互相通。我們前面講，一身就是多身，一身就是多種身，叫自在身，沒有障礙的。他去的時候，大多是淨土，有佛世界，有佛說法。意能夠善巧，身能變化，口能演說無量無邊的語言，身口意自在，這是童眞住的菩薩。

第九法王子住。

佛子。云何為菩薩王子住。此菩薩善知十種法。何者為十。所謂善知諸眾生受生。善知諸煩惱現起。善知習氣相續。善知所行方便。善知無量法。善解諸威儀。善知世界差別。善知前際後際事。善知演說世諦。善知演說第一義諦。是為十。

「知六趣四生受報差別」，眾生受生，胎卵濕化，生有四種，天、人、阿修羅、地獄、餓鬼、畜生，趣有六趣。所受的報跟這種種的業，種種業的差別，所受報的差別，這些差別說之不盡，就是約六趣四生。因爲欲界、色界、無色界，在六道輪迴，像這樣的錯綜複雜，他全知道。他才這樣去利益眾生，善知眾生受生，他受生處。

「知現行煩惱」，應當知道煩惱現起，眾生要生煩惱了，現起煩惱，從什麼上生的煩惱？怎麼起的煩惱？我們自己起煩惱的時候，還不知道煩惱從什麼地方起呢！知道境，誰惹到我了！兩個人或者說話，或者行爲上有些衝撞，這就叫煩惱。

但是這煩惱根子，怎麼起的？爲什麼要發火？不知道。這個是現相，還有外緣，還有個內因，每個人可能有這種現相，無緣無故的自己跟自己煩惱，這就是五十種陰（蘊）魔，色蘊、受蘊、想蘊、行蘊、識蘊，五蘊魔，每一種有十種煩惱。在臨命終時，你起的是哪界心，就到哪界去受生。臨命終時的心，想作善事，作好事，可能生到天界。想寂靜，可能生到四禪天。想清淨，臨命終時，沒有男女的相，生無色界。看你當時的受生，但是這位菩薩都能知道，知道你當時受生的地方，知道你的來處，知道你現行的煩惱。所謂現行的煩惱，現在所起煩惱，反正又是貪瞋癡，身口意所起的煩惱。

「知種等相續」，知道你的相續性，一生一生一生的，你的業的相續性。現行的，你這個的業報當中，有間斷性，有的業無間斷性。現在我們有間斷性，因爲我們出了家，向佛學的，道心很好，間斷了，那又不同了。忽然間業障發現，我們經常說自己業障，自己跟自己過不去的時候，這屬於五蘊魔。有的知道他的相續，有的知道他的間斷，有的知道他的習氣，習氣就是過去多生累劫受的，有些習氣誰都有的，貪瞋癡的習氣。特別是癡，癡就是無明，那不是這個法王子菩薩能消除的，十地菩薩都有習氣，習氣很深的。

習氣有多種，有「因習氣」、「果習氣」、「道習氣」、「餘殘習氣」。修道還有習氣嗎？有，還很多。五十年前，一般修道者都是身穿百納衣，有時候拿個拂塵，總有這麼習氣，要拿個拂塵他才舒服，或拿個手杖，現在這個習氣很少了。我們一坐禪，想拿個性（醒）板，定心的。每個人有每個人的習氣，修道的習氣，住山林的和尚習氣很多，沒辦法入到大眾裡頭來隨眾，這都叫習氣，這叫道的習氣。還有他的道力到了很大的程度，但是殘餘的沒斷的習氣，他不是有意，不假作意，那就叫習氣。

「知法藥是智成就義」，他能知道哪一法，佛所說的法都是藥，對治眾生的種種欲望，對治眾生種種的病。他能知道哪一法給哪個人說，這個人有這種病必須給他說這個法，這個法就是藥，治他這種病，或者治他的習氣，治他的煩惱，這得智慧成就了。到九地菩薩有這種功能，叫善慧地。他能如實知道善不善三性，善性、惡性、無記性。知道有漏的無漏的，知道世間的出世間的，知道思議得到的、思議不到的，定不定法，這個住的菩薩，法王子住的菩薩能隨順而知，跟九地菩薩相似。

「知法師軌儀」，九地菩薩是生善慧地，說法法師，能上知佛的一切法，從口裡演說佛所說的一切法，這叫大法師，法師行成就，九地菩薩。

法王子住的菩薩，相似於九地菩薩，相似於法座，坐這個說法的法座，爲眾生說法，三千大千世界眾生，滿足眾生，讓每位聞法者心生歡喜。

「知所化處、知化時」，爲什麼要知道所化處？這個地方你應該去不應該去，你化度得了不？化度不了你不要去。我們不行，誰要找你去，「法師，你給我們講講！」我們就去了，非所化處，你化不了人家的，那你化不了人家，人家把你化了。佛能知時、知處、知法，這個時候該不該說這個法，不可以，佛知道，那是九地菩薩，善慧地菩薩就知道，這個處所不可以，不可以就不要去。善慧地是處眾無畏的。

「法師」，我們有很多法師，在底下說的天花亂墜，一到座上，說不出來了，臉紅筋漲，開不了口。我就看到很多，要閒聊天，頭頭是道，要一坐這個座上，說不出來了。這是無量劫的善根和習氣。知道這個時候，不是化度的時候，說眾生根還沒成熟，說法要知時。到了九住的菩薩，法王子住，怎麼叫法王子？佛的兒子，法王的兒子，叫法王子。九地菩薩跟九住，乃至九行、九迴向，是一系列的。這個時候不該化度，根還沒成熟，你化不成，他知道，知道就不要去說。凡是說法不離開二諦，眞諦和俗諦，該說眞諦的時候不能說俗諦，說俗諦的時候不能說眞諦，眞俗二諦融通，「二諦融通三昧印」，眞諦跟俗諦能夠融通，及時的給眾生說法，這個住的菩薩就可以。

佛子。此菩薩應勸學十種法。何者為十。所謂法王處善巧。法王處軌度。法王處宮殿。法王處趣入。法王處觀察。法王灌頂。法王力持。法王無畏。法王宴寢。法王讚歎。何以故。欲令增進心無障礙。有所聞法。即自開解。不由他教故。

菩薩勝進到第九住的時候，相似於第九地，入理甚深，入理爲心，明心了所開的智慧，這是十種法。法王呢？比喻佛。王子如九住菩薩，王子是繼承佛位的，但是十住菩薩，他是相似的，十地菩薩就成就了。現在是相似，因他位在十住位，進到這個位置，他對於利生的事業，能夠善巧安立，方便善巧慧具足。乃至於說法藝術，能契合佛心。

學法王法，入如來家。但是一切軌度，就像我們所學的戒律。行住坐臥的，這叫軌度。宮殿就是法王殿，在宮中的情況。這都拿國王來比喻佛。佛子就比喻成王子，都是形容詞。到了法王子住的菩薩，他入法甚深。修學很久了，利眾生的事業，心裡都無障礙了，聞法就能開解，不假教。像我們一般的同學，同學有些聞了，再複習，還得使他深入，一聞了，他就能得入。若有聞慧的，他聞一遍，他能記得住。我們初聞的，記不住，沒有記慧。這一共有十種法，都叫勝進。勝是殊勝，進取到了一定地位。

在《華嚴經》，十住的菩薩要滿心，十住滿心了，相似成佛一樣的，所以說第九住的菩薩能夠跟佛相似，依照佛所說的軌度、利生的事業，利益一切眾生，修行的次第，就像人間最尊貴的是國王，國王即是法王的意思。到了九住的菩薩，一到法王住的菩薩，他所利生的事業，大致跟佛相似，沒有十地菩薩那樣眞。他是相似，說法的言詞善巧，依照佛的規範，宮殿是入佛的法堂。「趣入」，就是他所成就。但是這個菩薩也要行十種，也要勸學。

正定的菩薩入定同佛，一到法王住的菩薩，他入定修行的時候跟佛相似，不會耽著禪味，不在境上起沈滯。沈滯就是玩禪定的味道。不著其禪定的著味，所以不沈於境，境就是一切事相不著於事相。第十就是讚歎。讚歎佛的功德，讚歎王的功德。情詣於理，情跟理是相合的。他要想增進無礙智，進入後位灌頂住。

第十灌頂住。

佛子。云何為菩薩灌頂住。此菩薩得成就十種智。何者為十。所謂震動無數世界。照耀無數世界。住持無數世界。往詣無數世界。嚴淨無數世界。開示無數眾生。觀察無數眾生。知無數眾生根。令無數眾生趣入。令無數眾生調伏。是為十。

灌頂住菩薩是成就、究竟了，受佛灌頂。用手摩頂，就是佛的灌頂。用法水、甘露水灌頂，是形容佛所說法，加被這位到了灌頂住的菩薩，得佛法的灌頂。他能得到佛的無礙智，以無礙的智慧度脫一切眾生。到灌頂住的菩薩，十住滿了。

佛子。此菩薩身及身業神通變現。過去智。未來智。現在智。成就佛土心境界。智境界。皆不可知。乃至法王子菩薩亦不能知。

這個菩薩的身跟身所作的一些事業，都是神通變化。「神通」，「神」者就是他那顆心，也就是心佛眾生都平等的那個心，他證得這個心了。從這顆心所起的力用，通而無障礙。什麼通的呢？智慧。他具足三世智，過去現在未來三世智。這是約理。約事呢？他成就了，莊嚴佛淨土，這就是身自在義，表示他過去未來現在的智慧都具足了。

利生得有處所，莊嚴佛土，成就佛土了。心的境界相，智慧的境界相，皆不可知。「皆不可知」就是業自在，他進的位，其他的眾生不得了知的。到了灌頂住的十住菩薩，等同十地，相似於十地。

佛子。此菩薩應勸學諸佛十種智。何者為十。所謂三世智。佛法智。法界無礙智。法界無邊智。充滿一切世界智。普照一切世界智。住持

一切世界智。知一切眾生智。知一切法智。知無邊諸佛智。何以故。欲令增長一切種智。有所聞法。即自開解。不由他教故。

具足這十種智，漸漸的進修，就能成佛了，佛是一切種智。凡他所能聞到的法，自己能悟解，不由他教。這十種智，總說起來就是學佛的一切智。佛的智就叫一切種智。灌頂就是成佛。佛是已成的，受了灌頂住的菩薩，他一定能成佛，但是是漸次的。學佛的過去未來三世智，學佛在一切法上的自在，能覺悟法的自性，達到華嚴事理無礙。理只是一，事可就無量無邊了。

我們現在一天所作的事，這個世界上所有一切事，我們能知道好多嗎？有障礙。約橫來說，廣得很，無邊際。約佛用說，大用周徧的，無礙的。佛的身光，光照一切的世界。或者是約我們自己來說的話，得要緣，這是性，現在講的全是性。這叫性，性的起處，得靠緣來助成。沒有緣，作用還是不大的。

我們經常在各種經上看見各種光照，佛說法的時候，先放光。放光就是說法，光裡頭就含著智慧，智慧就含一種啓發，就是啓示。化眾生的時候，窮盡一切境界相。佛的智慧能知道化育眾生，用方便善巧，讓眾生能開悟，能理解。

爲什麼我們經常講緣起性空？這是性空，這種智慧全是性空。性空得看你有緣沒緣，得知道化法，化的方法，你能作法主。所化的機有緣沒緣，這你得知道，有這個智慧能知道，知道無緣，無緣你說什麼他都不聽，度不了他。要想成就佛的種智位，要得前進，從十住到十地。但是，中間還有十行、十迴向。這三十心，最難的還是最初發菩提心。沒有最初發菩提心，像第十住灌頂位，你是進入不到的。從十信滿了，從發心住，才能進入。但是灌頂住位的菩薩，他能夠知道相似證入佛的成分。十行十迴向跟十住，相差無幾的。

◎顯實證成分

爾時佛神力故。十方各一萬佛剎微塵數世界。六種震動。所謂動。徧動。等徧動。起。徧起。等徧起。踊。徧踊。等徧踊。震。徧震。等徧震。吼。徧吼。等徧吼。擊。徧擊。等徧擊。雨天妙華。天末香。天華鬘。天雜香。天寶衣。天寶雲。天莊嚴具。天諸音樂不鼓自鳴。放天光明及妙音聲。如此四天下。須彌山頂帝釋殿上。說十住法。現諸神變。十方所有一切世界。悉亦如是。

「先現瑞顯實，後菩薩證成。」這個時候說佛的神力，毗盧遮那的神力。「十方各一萬佛剎微塵數世界，六種震動。」我們經常說六種震動。「所謂動、徧動、等徧動。」動有三個，動、徧動、等徧動。「等徧動」就是所有的世界，不止我們這個世界偏動，一切世界都偏動，跟地震不同，地震是很少數的，那也是動。「起、偏起、等偏起。踊、偏踊、等偏踊。震、偏震、等偏震。吼、偏吼、等偏吼。擊、偏擊、等偏擊。」這是佛經經常講六種震動，這六種震動，我們都沒動過，與它無緣，我們不知道這種動的境界。這是佛的神力，令十方各一萬佛刹都起這種震動，震動是什麼意思呢？破你的迷誤，得開聖解。

「雨天妙華，天末香、天華鬘、天雜香、天寶衣、天寶雲、天莊嚴具，天諸音樂不鼓自鳴，放天光明及妙音聲。如此四天下，須彌山頂帝釋殿上，說十住法，現諸神變，十方所有一切世界。」前面一萬佛刹微塵數世界「悉亦如是」，都有這六種震動。這六種震動，有時候各地說的情況不同。不是別的情況不同，就是次序不同，動擊吼偏震踊，這六種，哪個在前，哪個在後，都是一樣的。有的經上不像我們這個次第的，也有別的次第的，都是這六種。天音樂，天妙香，天衣服，獻天花，這大致都相同的，這是佛的神力。

我們看《阿含經》，這個全沒有。在印度，佛在菩提樹下，修道開了悟了，悟了之後，到尼連河裡洗個澡。之後觀看，我該先度誰？先度憍陳如五比丘，到鹿野苑度五比丘，在《華嚴經》沒有這些境界。那時候的大阿羅漢所見到的，佛給他們說的法，說苦集滅道，沒有這麼大神通，沒有現神通。一直到現在，或者緬甸、泰國、斯里蘭卡，他們都不信大乘教義。人家辯論時，說這個不盡情理，一般人沒辦法知道的。這所說的十方一切世界，就是華嚴境界。

又以佛神力故。十方各過一萬佛剎微塵數世界。有十佛剎微塵數菩薩來詣於此。充滿十方。作如是言。善哉善哉。佛子。善說此法。我等諸人同名法慧。所從來國同名法雲。彼土如來皆名妙法。我等佛所亦說十住。眾會眷屬。文句義理。悉亦如是。無有增減。佛子。我等承佛神力。來入此會為汝作證。如於此會。十方所有一切世界。悉亦如是。

一萬佛剎的微塵數世界，一個佛剎三千大千世界，我們只是在一萬三千大千世界裡的一個小小世界，娑婆世界。娑婆世界的一洲，南贍部洲很小的。像這個各過一萬佛剎的微塵世界，一微塵就是一世界，一萬佛剎微塵，有好多？有這麼多的世界。「有十佛剎微塵數菩薩來詣於此。」有十佛剎微塵數的菩薩來詣忉利天的道場。

「充滿十方，作如是言：善哉善哉。佛子，善說此法，我等諸人同名法慧，所從來國同名法雲。」「佛子」，是指法慧菩薩說的，十住法門是以法慧菩薩爲會主。十佛剎微塵數這些菩薩讚歎法慧菩薩，說你說的很好，「善說此法」。「我等諸人同名法慧」，十佛剎微塵數那些菩薩，都到這來讚歎法慧。讚歎法慧也是讚歎自己，同名法慧，「善說此法」，「所從來國」，哪個國家來呢？「同名法雲」。

「彼土如來皆名妙法。」十佛剎微塵數那麼多個佛國，每一國都有一位成道如來，如來都叫妙法，每個世界如來都叫妙法。

「我等佛所亦說十住，眾會眷屬，文句義理，悉亦如是，無有增減。」我們所來的國度，那個佛也在說十住。文字、文句、義理，沒有增減，跟你說的一樣。「佛子，我等承佛神力，來入此會為汝作證。如於此會，十方所有一切世界，悉亦如是。」從一萬佛剎微塵數國土來的，那個國土的佛叫妙法，佛也在說十住法，跟你所說的無增無減。一切世界都如是，來這個法會給法慧作證明，讚歎他說這個法說得好。處所、說法都是無異，沒有差別，同樣的說十住法門。這顯示十住法門，徧一切佛國土。要想成佛必須經過十住，要想入住，登初住，必須具足十信，沒有信心怎麼能住？「作證」，是讓聞法者心裡不要有二念。十方一切的佛剎，一切國土諸佛同說此法，沒有什麼差異。

我們一開始念《華嚴經》，是梵本的上中下三品之中，龍樹菩薩從鐵塔取出來的是下本，因為中本、上本不是南閻浮提眾生所能受持的。從梵本譯成華言，有沒有出入呢？文字、語音略有出入，所顯的義理是一樣的。

懂得這個道理了，證明佛所說法，十方諸佛所說的那麼多，一萬佛剎微塵數，一微塵一個佛世界，那個世界叫法雲。所來的大眾，都叫法慧。在理上講是通的無障礙的，在事上講，梵文是梵文，華文是華文。就像我們現在英語法語，道理是一個。說打仗，說作生意，表達的意義是一樣的。語言不一樣，文字也不一樣。

十住法門的法，理上是一樣的。但是怎麼進入的，這個不一樣。就像出家的時候，你出家的發心跟他出家的發心不一樣的。你的客觀環境、家庭和他的家庭，不一樣的。等你出了家，都一樣的。這是說什麼意思呢？形容十住法門的法，一樣的。

◎重頌分

爾時法慧菩薩。承佛威力。觀察十方。暨于法界。而說頌曰。

見最勝智微妙身　相好端嚴皆具足
如是尊重甚難遇　菩薩勇猛初發心
見無等比大神通　聞說記心及教誡
諸趣眾生無量苦　菩薩以此初發心
聞諸如來普勝尊　一切功德皆成就
譬如虛空不分別　菩薩以此初發心

第一初發心住，一共有四十六頌。頌什麼呢？顯示什麼呢？顯示你因什麼緣，遇著什麼境界，發的菩提心。這樣發心的緣，有三頌。有三十二頌，緣境發心。因爲外邊客觀的環境，或者遇見佛，或者聞了法，或者看見什麼聖境。剩下有十頌，勝進所學，一住一住往前，最後一頌是總結。

前面的頌，發心的緣是爲什麼呢？見了最勝智佛的微妙身，「相好端嚴皆具足」。我們沒見著佛的法身、或者報身，但是我們見著佛的化身。說這相，所有一切相，釋迦牟尼佛的相就是釋迦牟尼佛化身。阿彌陀佛的相，不管紙的銅的，金鑄的、銀鑄的都一樣，緣境發心，客觀現實緣境發心。由過去宿世善根，進了寺院，看見塔廟，引發你過去的善根而發的心。由發心，一住一住的勝進，往前進度，因發心而所學，都是從初發心起的！因爲佛甚難遇，見著佛的微妙色身相好端嚴。這是遇著聖世，遇著佛在世。這是很難值遇的，一值遇了，菩薩發起勇猛心，發菩提心，要像佛一樣。見到佛的神力，見無比的大神通，或者聽到佛的教誡，或者佛給授記，這樣發心的。或者聞法，說六道輪迴一切趣，一切六趣眾生，受到無量苦。菩薩發心救度他們，是以這個發心的。聞到佛的尊勝，法的殊勝，三寶的殊勝，一切功德皆成就，是以這個發心的。

三世因果名為處　我等自性為非處
欲悉了知真實義　菩薩以此初發心

過去未來現在世　所有一切善惡業
欲悉了知無不盡　菩薩以此初發心
諸禪解脫及三昧　雜染清淨無量種
欲悉了知入住出　菩薩以此初發心

「入住出」就是入三昧、住三昧、出三昧。現在我們聞法的，入，剛入座。住，中間就叫住下來了。出，講之後就起來了，這都是「入住出」。入解脫也如是，入三昧入定也如是，把雜染一切種子都消除了。入定、入三昧的入住出，若想了知，想求解脫，菩薩以此初發心，發心求解脫，了知證三昧。

隨諸眾生根利鈍　如是種種精進力
欲悉了達分別知　菩薩以此初發心

要化度眾生，要知眾生的根，是利根？是鈍根？利根，一聞法就開悟了！鈍根，那得經過好多修行，這叫鈍根。要想了達眾生根的利或者鈍，度眾生才好度。根利的，你說法度起來就容易！根鈍的，教授的時候要有耐心。

一切眾生種種解　心所好樂各差別
如是無量欲悉知　菩薩以此初發心

發菩提心度眾生，必須得理解眾生的心理，他的心所愛好有差別的。若想都知道，那你得成道，以此來發心。

眾生諸界各差別　一切世間無有量
欲悉了知其體性　菩薩以此初發心

或者處於哪一道，乃至同一道的，也不同。同是人道的，根有利鈍。畜生道的，畜生道就複雜了，有飛禽有走獸，有體積大的，有體積小的。牠們都想什麼？得示現同類，你要想全了知，要想度他們，那你得成就，以此發了菩提心。

「諸界」，「界」當分別界限的界！天、人、阿修羅，每一界都不同。一界都有無量無量的，何況多種類呢！你要想了解他們的體，體是可見的，性是不可見的，他有什麼體，就有什麼思量。他的體性大，他的思量不同，體性小，思量也不同。所以體性上面是有差別的。菩薩要想都了知他們，那得發菩提心，要成道果的。

一切有為諸行道　一一皆有所至處

悉欲了知其實性　菩薩以此初發心
一切世界諸眾生　隨業漂流無暫息
欲得天眼皆明見　菩薩以此初發心

隨他所作的業漂流，不曉得漂流到哪道，也不曉得漂流到什麼地方，從來沒有暫時休息的。死了生，生了死，死了生，生了死。時而墮到地獄，那時間最長了，從地獄出來，先轉變餓鬼，餓鬼之後又到畜生道，這個差別無窮無盡的、無量的。每個人都有每個人的個性，這叫個性。是人，這是共性，都是人道的。但是每個人都有每個人的個性，男人的性跟女人的性也是不一樣的。想要了知他們的體和他們的性，你得發菩提心。

過去世中曾所有　如是體性如是相
欲悉了知其宿住　菩薩以此初發心

了知三世，過去世中，他作過的是什麼體是什麼相，就是宿住念智力。法慧菩薩所誦的這些偈頌，得有過去的宿住念智力才能知道，菩薩想得到這個智慧，「以此初發心」，就是最初發菩提心。這些偈頌都是讚歎初發心，《華嚴經》一直到成就了，還讚歎最初發心，形容發心難。

一切眾生諸結惑　相續現起及習氣
欲悉了知究竟盡　菩薩以此初發心

「結」是指結使，「惑」是所造的業，所以迷惑。還有相續再起的習氣，每個人有每個人的生活習慣、習氣。過去的習氣帶到今生來，今生又帶到未來生去。永遠相續的，想要都知道個究竟，沒有這種智慧，因此發心求，「菩薩以此初發心」。

隨諸眾生所安立　種種談論語言道
如其世諦悉欲知　菩薩以此初發心

俗諦智。眾生有種種安立，種種不同。就說「語言」，所有談論，假語言才能表達出來，種種的談論，種種語言，這屬於語言道。要想知道語言道的理，就叫四諦。四諦是世間一切法的理，你想全知道，「悉欲知」，全知道。怎麼樣才知道？要求一切智、一切種智、道種智，要發菩提心。前生後生無量生，你必須得有一切智，才能了解一切眾生，這是語言的習氣。了解有什麼好處呢？說法利益，示現給他同類的語言，同類語言所顯現的道理，「菩薩以此初發心」。

一切諸法離言說　性空寂滅無所作
欲悉明達此真義　菩薩以此初發心

前面講的是四諦，世間俗諦智，這個講的是眞諦智。眞諦沒有語言。一切諸法離言說相，離文字相，體性是空的，寂滅的，空無所作。「欲悉明達此眞義」，眞正的隨順實體的道理，要發菩提心。

欲悉震動十方國　傾覆一切諸大海
具足諸佛大神通　菩薩以此初發心

想求神通智，要發菩提心。

欲一毛孔放光明　普照十方無量土
一一光中覺一切　菩薩以此初發心

解脫智。想求得光明，光明就是智慧。念經，經常看到佛放光明，那要發菩提心，求！求是想證得的意思，想解脫。

欲以難思諸佛剎　悉置掌中而不動
了知一切如幻化　菩薩以此初發心

把無量的佛剎國土置在手掌當中，世界不動，世界沒縮小，手掌也沒放大。怎麼能置到掌中呢？「一切如幻化」，要想達到這種境界，發菩提心求成佛果。

欲以無量剎眾生　置一毛端不迫隘
悉知無人無有我　菩薩以此初發心

無量剎那麼多眾生，擱在一個汗毛尖上，不迫隘，不擁擠。你的心就變成這一毛端。一切世界、一切諸佛剎土的眾生，就在你心中。這是不思議的。一毛端沒大，十方無量剎的眾生也沒縮小，不發心不成道！這個道理，你沒法進入也懂不了，證實不了。「悉知無人無有我，菩薩以此初發心。」說初發菩提心的時候，那個緣不只一個兩個，遇著什麼境界發了心。

欲以一毛滴海水　一切大海悉令竭
而悉分別知其數　菩薩以此初發心

拿一毛端沾大海水，直到把它沾乾淨，才能知道它的滴數。怎麼能達得到呢？發菩提心、求證菩提果，就知道了。

不可思議諸國土　盡抹為塵無遺者
欲悉分別知其數　菩薩以此初發心

把無量世界國土抹爲微塵，知道這個微塵的數字，「欲悉分別知」，怎麼能作得到？發菩提心，成了佛果，得了解脫，一切無障礙就知道。這叫解脫智。

過去未來無量劫　一切世間成壞相
欲悉了達窮其際　菩薩以此初發心

劫剎智。過去現在未來三世，無量的時間，「劫」是「劫波」，就叫時分，無量的時分。一切世間成相、壞相、住相、空相，成住壞空。想要了達他們的邊際，菩薩以此初發心，這叫劫剎智。劫是時間，剎是地點處所，想得到這種智慧。

三世所有諸如來　一切獨覺及聲聞
欲知其法盡無餘　菩薩以此初發心

這是說三乘智，小中大，小乘中乘大乘，過去現在未來諸佛，都能夠知道，什麼是聲聞法？什麼是獨覺法？什麼是如來所有的法？要把它窮盡，沒有餘。那得發菩提心，發了菩提心就得到。

無量無邊諸世界　欲以一毛悉稱舉
如其體相悉了知　菩薩以此初發心
無量無數輪圍山　欲令悉入毛孔中
如其大小皆得知　菩薩以此初發心

身密智。要想了知世界，發菩提心，「無量無數輪圍山，欲令悉入毛孔中。」須彌山外頭有七重輪山，七重香水海，所有一切事物，無量無邊這些輪圍山，入到一個毛孔裡。怎麼能入得到？爲什麼小能攝大？那要發菩提心。

「如其大小皆得知，菩薩以此初發心。」這舉了很多的境，在凡夫看來是絕對沒有這些事的，在事上是不通的。在一個法堂裡頭還有好幾百人，把他入到一個毛孔裡。能有這個事嗎？這個是事，一毛孔是理，理能成事，事能成理。這些道理大家可以想，我們這腦子，不管說腦子也好，說心也好，但是你一作意，現在是在法堂裡頭，你一作意這個法堂，好幾百人，連這個法堂是在你心裡。你的心也沒大，法堂也沒小，怎麼進入的？你可以用自己的觀智來觀，想得到這個要發菩提心。發菩提心，菩提心就覺悟了，覺悟你就明白了。

欲以寂靜一妙音　普應十方隨類演
如是皆令淨明了　菩薩以此初發心

語密智。「妙音」，就是「如來一音演說法，眾生隨類各得解。」「音」，是動；「寂靜」，是不動。以一個妙音說法，而且還沒動，還沒有說。讓十方一切眾生，不管什麼語言，什麼種性，什麼生活習慣，他都能明了，怎麼能作得到呢？「菩薩以此初發心」。在很多事實上，在客觀現實上，不能作到的事，又想得到，必須得發菩提心。我們經常說密，這就叫密。身密，口密，意密，這是三密。發菩提心、成就菩提果，都明了了。

一切眾生語言法　一言演說無不盡
悉欲了知其自性　菩薩以此初發心

這些偈頌都說發心的因緣，多種多樣的。發菩提心，有多種多樣的發菩提心。

世間言音靡不作　悉令其解證寂滅
欲得如是妙舌根　菩薩以此初發心

「世間言音」就是說話，行動，所有音聲，而是在寂靜，在寂滅當中。說即無說，怎麼能得到？因此要發菩提心，成就菩提果，那就得到了。「欲得如是妙舌根，菩薩以此初發心。」微妙舌根，「如來一音演說法，眾生隨類各得解」，舌根微妙。

欲使十方諸世界　有成壞相皆得見
而悉知從分別生　菩薩以此初發心

意密智。一切世界的成住壞空這些相，我們一作意都能見到了。好多世界在成，好多世界在壞，好多世界是住。這些都是分別生起的。「而悉知從分別生」，這個分別可是智慧，也可以得到這種智慧，「菩薩以此初發心」。

一切十方諸世界　無量如來悉充滿
欲悉了知彼佛法　菩薩以此初發心

這是意業。十方的所有國土、所有世界都有佛在說法，「悉充滿」。想了知彼佛所說的法，「了知彼佛法」，那就從你發菩提心，成就菩提道，就能知道了，以此初發心。

種種變化無量身　一切世界微塵等
欲悉了達從心起　菩薩以此初發心

唯心智。想要了達種種的變化，世界的種種變化，都想明了，這是般若的唯心智，都是從心而起的。你發菩提心，成就菩提（薩）道，就知道了。

過去未來現在世　無量無數諸如來
欲於一念悉了知　菩薩以此初發心

一多無礙智。我要想達到一念了知，無量無數的一切諸佛，三世一切諸佛。那你發菩提心，成就菩提（薩）道。那就知道了，因這個而發心的。

欲具演說一句法　阿僧祇劫無有盡
而令文義各不同　菩薩以此初發心

說一句法，說到阿僧祇劫那麼長時間，還沒說完。這一句法是什麼話？「而令文義各不同，菩薩以此初發心。」這一句話裡頭所說的文，文裡所含的義理都不同。要想達到，那就發菩提心。

十方一切諸眾生　隨其流轉生滅相
欲於一念皆明達　菩薩以此初發心

一多無礙智。或者一，或者多，一也好，多也好。一念了知三世未來一切諸佛，那太多了。這是對一念，一念是一，無量諸佛是多。一多無礙，這個智慧就叫一多無礙智，說這一句話，演到無量阿僧祇劫。這一句話含著的文、含著的義理都是不同的，但是在一句話裡都顯現，以這個來發心求證，證之後，明白了，十方一切諸眾生，隨他流轉的生死。流轉就是不停的，死了又生，生了又死。就把死此生彼、生生的輪轉，一念就知道了，那要發菩提心。發心成就佛果，就知道了。

欲以身語及意業　普詣十方無所礙
了知三世皆空寂　菩薩以此初發心

權實雙行智。身語意三業，能到十方無所障礙，這就是身。身能至十方無所障礙！身業如是，口業也如是，意業也如是。同時要想知道，三世是空寂的。但是身語意業是不空的。空和不空，空即是空，不空即是空。空，又即是不空，菩薩要想知道這個，你發菩提心，成就菩提道就得到了。

菩薩如是發心已　應令往詣十方國
恭敬供養諸如來　以此使其無退轉
菩薩勇猛求佛道　住於生死不疲厭
為彼稱歎使順行　如是令其無退轉
十方世界無量剎　悉在其中作尊主
為諸菩薩如是說　以此令其無退轉
最勝最上最第一　甚深微妙清淨法
勸諸菩薩說與人　如是教令離煩惱
一切世間無與等　不可傾動摧伏處
為彼菩薩常稱讚　如是教令不退轉
佛是世間大力主　具足一切諸功德
令諸菩薩住是中　以此教為勝丈夫
無量無邊諸佛所　悉得往詣而親近

常為諸佛所攝受　如是教令不退轉
所有寂靜諸三昧　悉皆演暢無有餘
為彼菩薩如是說　以此令其不退轉
摧滅諸有生死輪　轉於清淨妙法輪
一切世間無所著　為諸菩薩如是說
一切眾生墮惡道　無量重苦所纏迫
與作救護歸依處　為諸菩薩如是說
此是菩薩發心住　一向志求無上道
如我所說教誨法　一切諸佛亦如是

頌勝進十法。法慧菩薩總結說，發心住位的菩薩，是爲求無上道果。不但我如是說，「如我所說教誨法」，一切諸佛也如是。一切諸佛都如是說。上面這些頌，讚歎發心住，爲什麼要發菩提心？爲什麼要發心？就是以上這些緣因。

以下是第二住，治地住。

第二治地住菩薩　應當發起如是心

第二個治地住菩薩，怎麼樣發的心，就以下這些偈頌。

十方一切諸眾生　願使悉順如來教
利益大悲安樂心　安住憐愍攝受心
守護眾生同己心　師心及以導師心

「治」，就是是教化，治理他的心，應當發這麼樣心。希望一切眾生都能聽到佛的教導，「悉順如來教」。

「利益大悲安樂心，安住憐愍攝受心。」大悲心想使一切眾生安樂，因為憐愍眾生，攝受眾生。就是治心，治自己心，發了心，還要把它治好。

「守護眾生同己心，師心及以導師心。」守護眾生，讓他們的心跟自己發菩提心，治自己心，治地心一樣的。「師心」，自己的心就是自己的老師。說人的主觀意識很強，那就是「師心」，以自己的心作老師。但是「師心」得跟「佛心」合，得跟「導師心」合。

已住如是勝妙心　次令誦習求多聞
常樂寂靜正思惟　親近一切善知識

發言和悅離麤獷　言必知時無所畏

發言的時候，和顏悅色，不要粗暴。但是，說話要切實知道，這個時間你該說的，你可以說，離開這個時間不該說的不要說。但是，治地住菩薩不是這樣的，言語一定知道時候，無所畏懼，說即入理。

了達於義如法行　遠離愚迷心不動
此是初學菩提行　能行此行真佛子
我今說彼所應行　如是佛子應勤學

剛發菩提心，才進入治地住，所以初學菩提行的，不是久學的。但是能這樣作，能行此行，就是能這樣作，這是真佛子。

「我今說彼所應行，如是佛子應勤學。」我所說的是我們應當作的，一切的佛子，都應當勤勤懇懇的去修學。以下是第三，修行住。

第三菩薩修行住　當依佛教勤觀察
諸法無常苦及空　無有我人無動作

一切諸法不可樂　無如名字無處所
無所分別無真實　如是觀者名菩薩

修行住菩薩，一切都是假的，沒有名字，也沒有處所。「無所分別無眞實，如是觀者名菩薩。」一切法都沒有眞實性的，菩薩如是觀察。

次令觀察眾生界　及以勸觀於法界
世界差別盡無餘　於彼咸應勸觀察
十方世界及虛空　所有地水與火風
欲界色界無色界　悉勸觀察咸令盡
觀察彼界各差別　及其體性咸究竟
得如是教勤修行　此則名為真佛子

除了觀眾生，還要觀法界。這是第三住，修行住菩薩。

以下是第四住，生貴住。每一住，都有讚歎偈頌，法慧菩薩都讚歎的。

第四生貴住菩薩　從諸聖教而出生

了達諸有無所有　超過彼法生法界
信佛堅固不可壞　觀法寂滅心安住
隨諸眾生悉了知　體性虛妄無真實
世間剎土業及報　生死涅槃悉如是
佛子於法如是觀　從佛親生名佛子
過去未來現在世　其中所有諸佛法
了知積集及圓滿　如是修學令究竟
三世一切諸如來　能隨觀察悉平等
種種差別不可得　如是觀者達三世
如我稱揚讚歎者　此是四住諸功德
若能依法勤修行　速成無上佛菩提

第五住，具足方便住。

從此第五諸菩薩　說名具足方便住
深入無量巧方便　發生究竟功德業
菩薩所修眾福德　皆為救護諸羣生

專心利益與安樂　一向哀愍令度脫
為一切世除眾難　引出諸有令歡喜
一一調伏無所遺　皆令具德向涅槃
一切眾生無有邊　無量無數不思議
及以不可稱量等　聽受如來如是法
此第五住真佛子　成就方便度眾生
一切功德大智尊　以如是法而開示

第六住，正心住。

第六正心圓滿住　於法自性無迷惑
正念思惟離分別　一切天人莫能動
聞讚毀佛與佛法　菩薩及以所行行
眾生有量若無量　有垢無垢難易度
法界大小及成壞　若有若無心不動
過去未來今現在　諦念思惟恆決定
一切諸法皆無相　無體無性空無實

如幻如夢離分別　常樂聽聞如是義

第七住，不退住。

第七不退轉菩薩　於佛及法菩薩行
若有若無出不出　雖聞是說無退動
過去未來現在世　一切諸佛有以無
佛智有盡或無盡　三世一相種種相
一即是多多即一　文隨於義義隨文
如是一切展轉成　此不退人應為說
若法有相及無相　若法有性及無性
種種差別互相屬　此人聞已得究竟

第八住，童眞住。

第八菩薩童真住　身語意行皆具足
一切清淨無諸失　隨意受生得自在

知諸眾生心所樂　種種意解各差別
及其所有一切法　十方國土成壞相
逮得速疾妙神通　一切處中隨念往
於諸佛所聽聞法　讚歎修行無懈倦
了知一切諸佛國　震動加持亦觀察
超過佛土不可量　遊行世界無邊數
阿僧祇法悉諮問　所欲受身皆自在
言音善巧靡不充　諸佛無數咸承事

第九住，法王子住。

第九菩薩王子住　能見眾生受生別
煩惱現習靡不知　所行方便皆善了
諸法各異威儀別　世界不同前後際
如其世俗第一義　悉善了知無有餘
法王善巧安立處　隨其處所所有法
法王宮殿若趣入　及以於中所觀見

法王所有灌頂法　神力加持無怯畏
宴寢宮室及歎譽　以此教詔法王子
如是為說靡不盡　而令其心無所著
於此了知修正念　一切諸佛現其前

第十住，灌頂住。

第十灌頂真佛子　成滿最上第一法
十方無數諸世界　悉能震動光普照
住持往詣亦無餘　清淨莊嚴皆具足
開示眾生無有數　觀察知根悉能盡
發心調伏亦無邊　咸令趣向大菩提
一切法界咸觀察　十方國土皆往詣
其中身及身所作　神通變現難可測
三世佛土諸境界　乃至王子無能了
一切見者三世智　於諸佛法明了智
法界無礙無邊智　充滿一切世界智

照耀世界住持智　了知眾生諸法智
及知正覺無邊智　如來為說咸令盡

結歎勸修。

如是十住諸菩薩　皆從如來法化生
隨其所有功德行　一切天人莫能測
過去未來現在世　發心求佛無有邊
十方國土皆充滿　莫不當成一切智
一切國土無邊際　世界眾生法亦然
惑業心樂各差別　依彼而發菩提意
始求佛道一念心　世間眾生及二乘
斯等尚亦不能知　何況所餘功德行
十方所有諸世界　能以一毛悉稱舉
彼人能知此佛子　趣向如來智慧行
十方所有諸大海　悉以毛端滴令盡
彼人能知此佛子　一念所修功德行

一切世界抹為塵　悉能分別知其數
如是之人乃能見　此諸菩薩所行道
去來現在十方佛　一切獨覺及聲聞
悉以種種妙辯才　開示初發菩提心
發心功德不可量　充滿一切眾生界
眾智共說無能盡　何況所餘諸妙行

十住品　竟

法慧菩薩讚歎完了，還讚歎發心，爲什麼？不發心不能成佛。這是成佛的根本。

國家圖書館出版品預行編目資料

升須彌山頂品 第十三.須彌頂上偈讚品 第十四.十住品
第十五 / 夢參老和尚主講 ; 方廣編輯部整理.
— 初版. — 臺北市 : 方廣文化, 2019.04
面 ; 公分. —(大方廣佛華嚴經.八十華嚴講述 ; 10)
ISBN 978-986-7078-92-6(精裝)
1.華嚴部
221.2 108004544

大方廣佛華嚴經《八十華嚴講述》

升須彌山頂品 第十三·須彌頂上偈讚品 第十四·十住品 第十五

主　　講:夢參老和尚
編輯整理:方廣編輯部
封面攝影:仁智
設　　計:鎏坊
出　　版:方廣文化事業有限公司
住　　址:台北市大安區和平東路一
◎地址變更:2024年已搬遷
通訊地址改爲106-907
台北青田郵局第120號信箱
(方廣文化)
電　　話:*886-2-2392-0003*
傳　　真:*886-2-2391-9603*
劃撥帳號:*17623463*　方廣文化事業有限公司
網　　址:*http://www.fangoan.com.tw*
電子信箱:*fangoan@ms37.hinet.net*
裝　　訂:精益裝訂股份有限公司
出版日期:公元2019年4月 初版一刷
定　　價:新台幣360元(軟精裝)
經 銷 商:飛鴻國際行銷有限公司
電　　話:*886-2- 8218-6688*
傳　　真:*886-2- 8218-6458*
行政院新聞局出版登記證:局版臺業字第六〇九〇號
ISBN: 978-986-7078-92-6
No.H301　Printed in Taiwan